Wolfgang Knape

ERFURT

Ein Führer durch die thüringische Landeshauptstadt

Inhalt

Geschichte 4
Dom St. Marien 12
Severikirche 19
Barfüßerkirche 23
Predigerkirche 24
Der Anger 26
Kurmainzische Statthalterei 29
Fischmarkt 31
An der Krämerbrücke 37
Kaisersaal 40
Schottenkirche 41
Haus zum Stockfisch 43
Stadtbefestigung 43
Kirchtürme 44
Das Große Hospital 46
Augustinerkloster 47
Michaelisstraße 50
Allerheiligenstraße 53
Die Große Arche 54
Domplatz 55
Der Petersberg 57
„ega" und Cyriaksburg 61
Stadtrundgänge 63
Ausflüge in die Umgebung 67
   Forsthaus Willroda 67   Burg Gleichen 67
   Die Mühlburg 68   Die Wachsenburg 69
   Schloss Molsdorf 70   Wasserburg Kapellendorf ... 70
Verkehrsverbindungen 71
Fahrradkartenausschnitt 72/73
Öffnungszeiten • Adressen • Tipps 74
Straßenverzeichnis zum Cityplan 80

Geschichte

Mit Axt und Bischofsstab

Im Rathaus am Fischmarkt kann man sehen, wie alles begonnen hat: Auf einem Gemälde im Festsaal fällt der heilige Bonifatius die Kult-Eiche der Heiden im Steigerwald. Demonstrativ stemmt er seinen Kreuzstab auf den Stumpf. Die Widersacher drohen aus der Ferne. Die Anhänger scharen sich um ihn. Die alten Götter, so die Botschaft des Bildes, haben ihre Macht verloren. Ein neues Zeitalter bricht an! Auch für das frühe „Erphesfurt", auch für das Thüringer Land!

Mit seinen Weggefährten Adolar und Eoban war Bonifatius im achten Jahrhundert missionierend durch das Frankenreich gezogen. An den Thüringern soll der irische Heilige besonders gehangen haben. Und als er dieses „Erphesfurt" sah, das „schon von alters eine Stadt der heidnischen Bauern gewesen" war und dessen Name einen sofort an eine Furt denken lässt, bestimmte er es im Jahre 742 zum Bischofssitz. Bonifatius entsandte einen Boten nach Rom und bat Zacharias II. um Bestätigung und päpstlichen Segen. Weil Erfurt bei dieser Gelegenheit erstmals in einer Schrift genannt wurde, feierten seine Bewohner das 1250-jährige Jubiläum der Ersterwähnung 1992 gleich ein Jahr lang und mit gebührendem Stolz.

Dem jungen Bistum war allerdings kein langes Leben beschieden. Nach Bonifatius' gewaltsamen Tod bei den Friesen ging die thüringische Neugründung im Erzbistum Mainz auf, und bis zum Jahre 1802 bestimmten die Mainzer Erzbischöfe und Kurfürsten als geistliche, ab dem 10. Jahrhundert auch als weltliche Herren die Geschicke der Stadt.

Erfurts Lage am Rande des klimatisch geschützten, weiten Thüringer Beckens und am Kreuzweg bedeutender Handelsstraßen bot ideale Voraussetzungen für ein rasches Aufblühen. Hier trafen die berühmte „Via regia" und die Nürnberger Geleitstraße aufeinander. Die eine kam von Paris und Frankfurt und führte über Leipzig und Görlitz nach Kiew und Nowgorod; die andere verband die Zentren im Süden mit den Städten im Norden.

Schon in fränkischer Zeit, die mit dem Sieg von Sachsen und Franken über das Heer der Thüringer im Jahre 531 anbrach, wurde hier gehandelt. Im Diedenhofener Kapitular von 805 empfahl Karl der Große Erfurt nachdrücklich als Grenzhandelsplatz mit den Slawen (Waffengeschäfte ausgenommen). Zu diesem Zeitpunkt existierte auf dem Petersberg neben einem Kloster auch eine befestigte Königspfalz. Hier bestimmte Heinrich I. während eines Hoftages zu Erfurt im Jahre 936 – und damit noch kurz vor seinem Tode – den ältesten Sohn Otto zum Nachfolger.

Auch Otto der Große und andere spätere deutsche Kaiser und Könige kamen mit ihrem Gefolge gern nach Erfurt. Friedrich I. Barbarossa lud gleich fünfmal zu einem Reichstag ein. Und in Erfurt kam es dann auch zu jener denkwürdigen Begegnung zwischen Kaiser Rotbart und Heinrich dem Löwen. Der Welfenherzog hatte sich in einem land- und lehensrechtlichen Streit gegen seinen Kaiser gestellt und musste nun in Erfurt Abbitte leisten. Der Akt der Unterwerfung fand im November 1181 in der Klosterkirche auf dem Petersberg statt, und der Historienmaler Peter Janssen, dem wir bereits das Gemälde des Missionsbischofs Bonifatius als Eichenfäller verdanken, malte auch diese Szene und nahm sie in seinen Bildzyklus zur Erfurter Geschichte auf.

Neben den weltlichen Herrschern zeigten auch die geistlichen Herren aus Mainz immer mal wieder Präsenz auf dem Petersberg. Sie kamen auf der „Via regia" daher, der Königs-

Historiengemälde „Heinrich der Löwe unterwirft sich 1181 Barbarossa"

straße, die zwischen dem Petersberg und dem benachbarten Domhügel nach Erfurt führte, wo zwei Furten das Überqueren der Gera begünstigten. An beiden Orten entstanden einige Zeit später berühmte Brücken: Die Lehmannsbrücke, schon 1108 erwähnt, ist Erfurts erstes Brückenbauwerk; die Krämerbrücke zwischen Benediktsplatz und Wenigemarkt das bekannteste.

Etwa um die Jahrtausendwende war neben den Kernsiedlungen zwischen Petersberg und Gera-Bogen eine weitere Niederlassung am östlichen Ufer entstanden. Die schon 1066 erwähnte Stadtumwallung wurde einhundert Jahre später durch eine acht Kilometer lange Ringmauer ersetzt, deren Verlauf wir uns am heutigen Juri-Gagarin-Ring vorstellen müssen und die ein dicht bebautes, rund 130 Hektar großes Areal umschloss. Mit Blick auf die kontinuierliche Erweiterung der Stadt benutzen die Fachleute gern das Bild von der „städtebaulichen Muschelstruktur". Und in der Tat: Erklärt man Domhügel und Petersberg zum Muschelschloss, dann bilden der Bogen der Gera, der Anger und die Johannesstraße, der Gagarin-Ring und nach diesem die Schillerstraße und die Stauffenbergallee die immer größer werdenden Ringe der Erfurter Muschel.

Erfurt galt schon seit dem frühen Mittelalter als eine sehr wohlhabende Stadt, die sich durchaus mit Lübeck, mit Köln, Nürnberg oder Augsburg messen konnte. Innerhalb seiner Mauern gab es so viele Kirchen und Klöster, Orden und Kapellen, dass Reisende beim Anblick der zum Himmel weisenden Türme nicht umhin kamen, vom „Erfordia turrita!", vom „türmereichen Erfurt" zu schwärmen.

Bürger im Aufwind

Seit dem Stadtaufstand von 1283 saßen neben den bis dahin allein regierenden Patriziern auch die Vertreter der neun „großen Zünfte" am Ratstisch. König Rudolf I. von Habsburg kam nach Erfurt und regierte fast ein Jahr lang vom Kloster auf dem Petersberg aus das Reich. Gemeinsam mit den Erfurtern ging Rudolf gegen die den Handel behindernden Raubritter vor, ließ ihre Burgen erstürmen und stellte 1290 den „Thüringer Landfrieden" wieder her. Bei dieser Strafaktion trugen die Erfurter bereits die neuen Schutzschilde mit sich, von denen das heute noch gebräuchliche Stadtwappen leuchtete: Ein sechsspeichiges silbernes Rad auf rotem Grund! Und damit später auch niemand daran zweifeln sollte, dass sie beim großen thüringischen „Ritter-Kehraus" mit dabei gewesen waren und in vorderster Linie gekämpft hatten, streuten sie überall noch etwas Waidsamen aus. So berichtet es jedenfalls die Sage, und damit wäre auch der Waidreichtum Thüringens hinreichend erklärt.

Zu dieser Zeit gaben sich die Erfurter auch eine eigene Verfassung und schrieben in 42 Statuten Rechte und Pflichten fest. Sie suchten den Schulterschluss mit der Hanse und bekamen am 24. Dezember 1331, gewissermaßen als Weihnachtsgeschenk, von Kaiser Ludwig IV. das Messeprivileg neu verliehen. Das alles hob ihr Selbstwertgefühl gehörig und ließ die Erfurter noch mutiger werden. Mit Geschick und Pfiffigkeit trotzten sie den Mainzer Erzbischöfen so manche Rechte und so manches Zugeständnis ab. Auf diese Weise brachten sie es zu einer gewissen städtischen Autonomie. Als Karl IV. den Erfurtern 1348 das Reichslehen und die Burg Kapellendorf überließ, schloss das auch das Privileg ein, eigene Münzen prägen und an den Reichstagen teilnehmen zu dürfen. Das angestrebte Ziel, Freie Reichsstadt zu werden, erreichte der Rat allerdings nicht.

Lösten an anderen Orten reiche Silbererzfunde oder das Vorhandensein von Salz unverhofften Wohlstand aus, hatte an Erfurts Aufschwung ein Kreuzblütler namens Waid entscheidenden Anteil. Dieser Färberwaid (Isatis tinctoria), aus dessen Blättern sich ein zum Blaufärben erforderliches Pulver herstellen ließ, wurde in vielen thüringischen Dörfern angebaut. Der Waidhandel lag zu einem Gutteil in den Händen der hiesigen Waidjunker, und der Erfurter Anger war für lange Zeit Europas Waidhandelsplatz Nummer 1.

Bis weit ins 16. Jahrhundert hinein prägten die Waidverarbeitung und der Waidhandel das Bild und das Leben der Stadt. Der Export des kostbaren Pulvers brachte so manche Tonne Goldes in die Kassen. Mit der Einfuhr des billigeren Indigo endete diese segensreiche Zeit, in die auch die Gründung der Erfurter Universität fiel. 1392 eröffnet, war sie nach Prag, nach Wien, nach Heidelberg und Köln die fünftälteste Hochschule nördlich der Alpen! In Erfurt gab es von Anbeginn alle damals üblichen Fakultäten. Das waren zum einen die philosophische oder Artisten-Fakultät, zum anderen Medizin, Rechtswissenschaft und Theologie. Die Universität hatte regen Zulauf und ihr Ruhm verbreitete sich schnell. Zeitweise stand sie in dem Ruf, die größte Alma mater des Heiligen Römischen Reiches zu sein. Knapp ein Viertel aller deutschen Studenten begann die akademische Laufbahn in Erfurt.

„So weit und breit sich Germanien erstreckt, überall leuchtet der Ruhm dieser Schule!", lobte Eobanus Hessus, der als „König der Humanisten" in die Geschichte einging, die Erfurter Alma mater. An ihr wirkten so namhafte Erneuerer des Geisteslebens wie Conrad Mutianus Rufus oder Crotus Rubeanus. Erfurt wurde zur Heimstatt des deutschen Humanismus. Auch der Mansfelder Martin Luther und noch mehr wohl sein Vater Hans fühlten sich von die-

Martin Luther vor der Kaufmannskirche

ser Universität angezogen. Martin Luther traf 1501 im Alter von 17 Jahren in Erfurt ein. Vermutlich hätte er es zu einem tüchtigen Rechtsgelehrten gebracht und damit den Vater stolz gemacht. Doch auf dem Rückweg von einem Besuch im heimatlichen Mansfeld geriet der Studiosus bei dem nahe Erfurt gelegenen Dörfchen Stotternheim in ein schweres Gewitter und tat zwischen zwei Einschlägen den alles entscheidenden Ausruf: „Heilige Anna, hilf!" Luther überlebte. Er löste sein zwischen den Blitzen gegebenes Versprechen ein und wurde Mönch. Der „Geist von Erfurt" dürfte im Weiteren mit dazu beigetragen haben, dass Bruder Martin mit seiner Kirche so hart ins Gericht ging und Jahre später ihr Erneuerer wurde.

In Erfurt besaß Martin Luther eine große Anhängerschaft. Hier predigte er später als Durchreisender noch einige Male, und hier wirkte auch sein Zellennachbar und Freund Johann Lang, der in Erfurt die Reformation einführte. Ab 1530 regelte ein Vertrag das Nebeneinander beider Konfessionen in der Stadt. Der Dom, St. Severi und sechs weitere Pfarr- und Klosterkirchen verblieben bei den Katholiken, in allen anderen Gotteshäusern wurde nur noch evangelisch gepredigt und in deutscher Sprache.

„Wes das Land, des der Glaube", lautete die Jahre später im Augsburger Religionsfrieden gefundene Formel. Die gefiel dem Mainzer Erzbischof außerordentlich gut und ermunterte ihn, den für Erfurt gefundenen Kompromiss auszuhebeln. Als die Bürger rebellierten, lenkte er ein. Damit war die Zwangskatholisierung vom Tisch, und an der Universität gab es – einmalig im damaligen Deutschen Reich – neben dem katholischen Lehrstuhl einen für evangelische Theologie.

Unter Mainzern und Franzosen

Dank teuer erkaufter Schutzbriefe lavierte sich Erfurt einhundert Jahre später zwar durch den 30-jährigen Krieg, es verlor aber dennoch ein Drittel seiner Bevölkerung. Mit Handwerk und Handel ging es rasant bergab. Und dann pochten auch noch die Mainzer auf ihre alten Rechte. Doch da stellten sich die Erfurter taub. Als der Reichsherold am 28. September 1663 am Stadttor erschien, um die Reichsacht zu verkünden, wurde er „von der rasenden (...) bürgerschaft gar übel empfangen" und arretiert. Mit unmissverständlicher Order expedierte man ihn nach angemessener Frist wieder zurück. Der Streit zog sich noch ein volles Jahr hin, dann riss dem Erzbischof der Geduldsfaden und er setzte ein Heer in Marsch. Fünfzehntausend Soldaten belagerten die Stadt. Er-

Obelisk auf dem Domplatz (1777)

furt gab auf. Am 6. Oktober 1665 zogen die kurmainzischen Truppen unter dem Geläut der Kirchenglocken in Erfurt ein. Am 12. Oktober erschien Kurfürst Johann Philipp von Schönborn hoch zu Ross und mit großem Gefolge in „seiner" Stadt.

Mit Erfurts Selbstständigkeit war es nun vorbei. Ein Statthalter wurde eingesetzt, und Johann Philipp von Schönborn beschloss, den Bau der Zitadelle Petersberg nach modernsten Gesichtspunkten. Von diesem Platz aus würde man die Stadt fortan und auf Dauer fest im Griff haben.

Eine Lichtgestalt unter den kurmainzischen Statthaltern war Karl Theodor von Dalberg, der 1771 nach Erfurt kam und über dreißig Jahre blieb. Dalberg machte seine Statthalterei zu einem geistig-kulturellen Mittelpunkt, was nicht nur Männer wie Goethe, Schiller, Humboldt oder Wieland zu schätzen wussten.

Ein preußisch-französischer Sondervertrag vom 8. Mai 1802 legte fest, dass im Zuge der territorialen Neuordnung des Heiligen Römischen Reiches Deutscher Nation auch die Preußen für ihre an Frankreich verlorenen linksrheinischen Besitzungen entschädigt werden sollten. Dafür waren unter anderem das Landgebiet sowie die Stadt Erfurt und die Städte Mühlhausen und Nordhausen vorgesehen. Am 21. August 1802 marschierte deshalb ein 3 500 Mann starkes Armee-Corps durch das Krämpfertor in die Stadt. Erfurt war jetzt preußisch. Der Statthalter Dalberg konnte gehen.

Nach der Schlacht bei Jena und Auerstedt am 17. Oktober 1806 ließen sich erneut die Franzosen auf dem Petersberg nieder. Erfurt nannte sich jetzt „kaiserliche Domäne". Napoleon, der sich mehrfach in Erfurt aufhielt, hatte hier anlässlich des von ihm einberufenen Fürstenkongresses im Jahre 1808 seinen großen Auftritt! Sein Abgang hingegen war weniger spektakulär. 1813 marschierten wieder preußische Truppen in Erfurt ein. Sie richteten ihre Kanonen auch auf die Festung Petersberg, und der Schaden für Unbeteiligte war nicht gering. Nach dem Wiener Kongress erhielt Preußen die Stadt zurück.

Ob Napoleon an seinen späteren Verbannungsorten noch mit Erfurter Brunnenkresse versorgt wurde, ist nicht überliefert. Fest steht jedoch, dass der Kaiser die Kresse in Erfurt so sehr schätzen und lieben gelernt hatte, dass er sie im Park von Versailles in nach hiesigem Vorbild errichteten „Klingen" hatte aussäen lassen.

Die Brunnenkresse war von Johann Christian Reichart (1685-1775) kultiviert worden. Der Naturwissenschaftler und Jurist hatte die Gärten seines kränkelnden Stiefvaters übernehmen müssen und dabei ein Verständnis und eine gärtnerische Leidenschaft an den Tag gelegt, die selbst den alten Herrn gerührt haben sollen. Reichart verbesserte die Produktions- und Anbaumethoden, er machte zypriotischen Blumenkohl, Spargel, Spinat, Porree, Wirsing und Kopfsalat in Thüringen heimisch und verfasste nebenher ein vielbändiges Standardwerk, aus dem nachfolgende Gärtner-Generationen erheblichen Nutzen zogen. Johann Christian Reichart, dem die dankbare Bürgerschaft nahe der Pförtchenbrücke ein Denkmal errichtet hat, gilt als der „Vater des gewerbsmäßigen Gartenbaus". Auf ihn gehen die Erfurter Samenzucht und der Handel mit Gemüsesamen zurück. Damit begründete er eine Tradition, die bis auf den heutigen Tag in und um Erfurt fortlebt und sich mit Namen wie etwa N. L. Chrestensen verbindet.

Im 19. Jahrhundert kam es zur Gründung zahlreicher Gartenbaubetriebe außerhalb der Stadtbefestigung. Die Gebrüder Born stellten in ihrer Samenhandlung Essig, Sprit und einen Senf her, ohne den es kein wirklicher Erfurter lange aushält. Seit 1847 hielt die Eisenbahn in der Stadt. Kleinstbetriebe entstanden, Reparaturwerkstätten für Lokomotiven und Waggons ... Von einem wirklichen Aufschwung war Erfurt aber noch weit entfernt. Wie ein Korsett schnürte der Festungsgürtel die Stadt ein. Für Neues war da kein Platz. Erst die Reichsgründung schuf Abhilfe. 1873 kam es zur „Entfestung". In rasantem Tempo entwickelte sich Erfurt nun zum industriellen Mittelpunkt Thüringens. Im Oktober 1891 verabschiedeten die Sozialdemokraten ihr „Erfurter Programm". 1906 wurde Erfurt bereits Großstadt.

Als 1920 der Freistaat Thüringen gegründet wurde, verblieb die Stadt zunächst weiter bei Preußen. Am 12. April 1945 zogen die Amerikaner in Erfurt ein; am 3. Juli begann die sowjetische Besatzungszeit. Erfurt gehörte nun auch politisch wieder zu Thüringen, wurde 1948 zur Landeshauptstadt und nach der Auflösung der Länder im Jahre 1952 zur Bezirksstadt erklärt. Arbeit fanden die Bewohner vor allem in den Kombinaten für Umformtechnik, für Mikroelektronik, für Schuhe und Bekleidung, in Druckereien und natürlich in den Gartenbaubetrieben. Die Tütchen mit Blumen- und Gemüsesamen aus Erfurt waren ein Exportschlager und fehlten – wie die Puffbohne und die Brunnenkresse – in keinem ostdeutschen Haushalt oder Blumentopf!

1961 öffnete auf dem Cyriaksberg die Internationale Gartenbauausstellung ihre Pforten. Von da an gehörten eine Reise nach Erfurt und der Besuch der „iga" zum jährlichen Ausflugsprogramm vieler Betriebe, Hobby-Gärtner und frisch Verliebter.

Von Willy Brandt zum Runden Tisch

Am 19. März 1970 kam mit Willy Brandt zwar kein Frischverliebter, dafür aber ein frisch gewählter Bundeskanzler nach Erfurt, um sich mit dem DDR-Ministerpräsidenten Stoph zu treffen. Wer das Alter hat, wird die

Willy-Brandt-Platz mit „Erfurter Hof"

begeisterten „Willy-Willy"-Rufe der Menge noch im Ohr haben und selbst Jahre später beim Verlassen des Erfurter Bahnhofs verstohlen zum Erkerfenster am „Erfurter Hof" aufgeblickt haben, wo sich jener Hoffnungsträger der jubelnden Menge gezeigt hatte. Dort wurde nach der Wende das historische Foto hinter die Scheibe geklemmt und eine Tafel zur Erinnerung an jenes Treffen angebracht, das in der Verlängerung das Tor zum Osten aufgestoßen hatte und ein wichtiger Schritt auf dem Wege hin zur Wende und zur staatlichen Einheit gewesen war.

1989 gingen auch die Erfurter auf die Straße und zogen zum Domplatz und viele Impulse kamen auch aus dieser Stadt. Im Dezember tagte unter dem wechselnden Vorsitz von Vertretern der beiden Kirchen der „Runde Tisch" des Bezirkes Erfurt in Luthers Kloster. Zehntausende Erfurter bildeten damals einen „Bürgerwall" entlang der ehemaligen Stadtmauer, um den Verfall ihrer historischen Altstadt anzuprangern und den weiteren Abriss zu verhindern ...

1991 wurde Erfurt zur Landeshauptstadt des wiedererstandenen Freistaates Thüringen gewählt. Im Jahr darauf feierte man die urkundliche Ersterwähnung von 742 und gedachte dabei auch der Gründung der Universität vor sechshundert Jahren. Und weil der Erfurter, wenn er denn feiert und gedenkt, so gut wie nichts auslässt, holte man Waid-Forscher aus Japan und Europa in die Stadt an der Gera und veranstaltete gleich noch einen internationalen Waid-Kongress!

Die Erfurter Universität war 1816 geschlossen worden, weil den Preußen ihre Universitätsstädte ausreichend erschienen. Die Wiederbelebung universitärer Traditionen hatte man in Erfurt aber nie aus den Augen verloren. Ab 1954 gab es eine Pädagogische Hochschule, ab 1955 die Medizinische Akademie. Die Wende ermöglichte dann einen Neubeginn. Im April 1994 wurde in Erfurt Deutschlands jüngste staatliche Universität gegründet und zu deren Direktor der Kommunikationswissenschaftler und Querdenker der SPD Peter Glotz berufen. Im „grünen Herzen" Deutschlands und im Zentrum Europas gelegen, will die Universität, an der das Englische gleichberechtigte Unterrichtssprache ist, ein „Tor zur Welt" sein. Mit dem Wintersemester 1999/2000 wurde der Studienbetrieb aufgenommen. Inzwischen gibt es neben der Philosophischen auch eine Staatswissenschaftliche, eine Erziehungswissenschaftliche und seit 2003 die Katholisch-Theologische Fakultät. Eine Besonderheit ist das auf Lehre und Forschung gleichermaßen ausgerichtete Max-Weber-Kolleg für kultur- und sozialwissenschaftliche Studien.

Nachdem am 29. April 1994 im Augustinerkloster die feierliche Gründungsveranstaltung der Universität Erfurt stattgefunden hatte, fehlte der Stadt nur noch eines: der Bischofssitz. Mit der Säkularisierung von 1821 war die katholische Kirche vom Bistum Paderborn, ab 1930 vom Bistum Fulda verwaltet worden. Während der DDR-Jahre wurde mit dem Bischöflichen Amt Erfurt-Meiningen eine Fuldaer „Ost-Filiale" gegründet. Am 8. Juli 1994 erhob nun Papst Johannes Paul II. dieses Amt zur Diözese. Damit wurde Erfurt, erstmals nach Bonifatius, auch wieder Bischofssitz!

Als man im Jahr darauf – gewissermaßen als Auftakt zum bevorstehenden Lutherjahr anlässlich des 450. Todestages des Reformators – am 10. November auf dem Domplatz das traditionelle Martinsfest beging, strömten mehr als 60 000 Menschen herbei, um Martin Luther und den Heiligen Martin, den Schutzpatron der Stadt, zu ehren. Auch das ist Erfurt. Und Erfurt, wo man auf Schritt und Tritt Geschichte hautnah erleben kann, und das für die einen die Dom-, die Luther-, die Blumen- und die Gartenstadt ist und für die anderen die Universitäts-, die Bach-, die Kongress-, die Sport- und die Messestadt, ist noch vieles mehr ...

Wappen an der Statthalterei

Dom St. Marien

Der aufstrebende, turmreiche Dom mit seinen viaduktähnlichen Kavatenbögen. Die dicht gesetzten Strebepfeiler. Der Umgang und darüber die wohlproportionierte Fassade des Hohen Chores. Und, gleichberechtigt daneben, die Pfarrkirche St. Severi mit ihrer einprägsamen Silhouette, die Häuser der Geistlichen, die Mauern, die Stufen, die wehrhafte Bonifatiuskapelle am Berg. – Dieses Panorama ist das Wahrzeichen und das architektonische Aushängeschild Erfurts, und man wird schwerlich ein schöneres Gruppenbild mit Kirchen, mit Häusern, mit Treppe und Berg finden in diesem Land!

Wenn man die siebzig Stufen der Freitreppe (die Graden), auf denen sommers die beliebten Domstufenfestspiele stattfinden, hinaufsteigt, läuft man direkt auf das Triangel-Portal zu, einen dreieckigen Vorbau mit einem eindrucksvollen Apostel- und einem großartigen Jungfrauenportal. In spitzem Winkel streben hier der Mariendom und St. Severi aufeinander zu. Und man ist verblüfft, wie nahe diese beiden markanten Gotteshäuser doch beieinander stehen und dass dennoch keines dem anderen im Wege ist.

Der Domberg, in alten Quellen als „mons altus" (Hoher Berg) oder „mons Sancti Severi" (Berg des heiligen Severus) bezeichnet, war schon frühzeitig ein „geistlicher" Berg. Hier lebten die Nonnen des Benediktinerklosters St. Paul, und hier hatte auch der Erzbischof seine Burg. Als Bonifatius im Jahre 742 die bereits vorhandene Taufkirche zur Bischofskirche erhob, ahnte noch niemand, wie es einmal auf diesem Berg und mit diesem neuen Bistum weitergehen würde. 1154 wurde, nachdem die alte Kirche baufällig geworden war, mit den Arbeiten für eine romanische Basilika begonnen. Bei dieser Gelegenheit stieß man auch auf die Gräber mit den Gebeinen von Adolar und Eoban, den Bonifatius-Getreuen, die gemeinsam mit diesem im Jahre 752 eine Missionsreise gen Friesland unternommen und dabei in Dokkum den Tod gefunden hatten.

1201 war der Südturm, dreißig Jahre später der Nordturm der neuen Kirche vollendet. Doch schon zu diesem Zeitpunkt hatte sich die Erkenntnis durchgesetzt, dass auch ein Neubau wieder viel zu klein geraten werde. Und weil der Domberg zwar sehr steil, genau besehen aber doch nur ein überschaubarer Hügel ist, bediente man sich eines Tricks: Man errichtete einen dreigeschossigen Unterbau und „verlängerte" auf diese Weise den Berg. Auf vierzehn Meter hohen „Kavaten" (hergeleitet vom lateinischen cavus: hohl/gewölbt, Höhlung/Loch) wuchs nun bis 1370 ein 26 Meter hoher Chor empor! Eine bautechnische Meisterleistung wie man sie in deutschen Landen bis dahin noch nicht gesehen hatte!

Das oberste Kavaten-Geschoss, die Krypta, ist über die Freitreppe zugänglich und dient wochentags als Gottesdienstraum. Hier befindet sich auch das Hochgrab von Adolar, dem vermutlich ersten Bischof des Bistums Erfurt, und von seinem Gefährten Eoban, der Bischof von Utrecht war.

Das zweigeschossige Triangelportal mit seinen Apostel- und Jungfrauen-Darstellungen stammt aus der Zeit um 1330 und gehört nach Auffassung von Dehio „zu den Pretiosen gotischer Architektur in Deutschland". Durch die beiden Portale gelangt der Besucher in den Dom St. Marien. Dieser Dom, an dem jede Generation gebaut, verändert und ausgebessert hat, ist eine einzigartige Schatzkammer, die es Schritt für Schritt, Blick um Blick zu entdecken und zu öffnen gilt.

Das Erste, was der Eintretende wahrnimmt, ist das seit dem Umbau zur Zeit der

Dom von Osten

Die klugen Jungfrauen links ...

Gotik mit dem alten Querhaus räumlich völlig verschmolzene Langhaus. Jeder seiner kühn aufstrebenden, tief gekehlten Pfeiler ist mit einem der Pfeilerrundung leicht angepassten, gerahmten Gemälde geschmückt. Das Mittelschiff dürfte mit dem Grundriss der alten Basilika identisch sein.

Vom Querhaus gelangt man über fünf Stufen in jenen Bereich, den einmal der romanische Chor eingenommen hatte. Durch diesen „Chorhals" erreicht man den über den Kavaten errichteten Hohen Chor. Und hier sollte man sich zunächst in eine Bank setzen, um den „hoheitsvoll aufsteigenden Raum" (Dehio), der ganz in gedämpftes Licht getaucht ist, auf sich wirken zu lassen und nachzuvollziehen, auf welchem Untergrund man sich hier eigentlich bewegt. Die fünfzehn farbigen Chorfenster, jedes 18 Meter hoch und 2,50 Meter breit, gehören wohl zu dem Faszinierendsten in diesem an Außergewöhnlichem so überreich gesegneten Chor! Zwölf dieser Fenster stammen noch aus der Zeit zwischen 1380 und 1420 und wurden in einer Erfurter Werkstatt angefertigt. Carl Fritz David Crodel, genannt Charles Crodel, der sich bereits während seines Kunststudiums 1914 in München mit der Glasmalerei befasst hatte, entwarf nach 1960 zwei Ersatzfenster mit Szenen aus dem Leben der heiligen Elisabeth und der geheimen Offenbarung für den Hohen Chor sowie drei weitere für das Langhaus.

Ihres Alters, ihrer besonderen Farbigkeit, ihrer Größe und Vollständigkeit wegen sind die Originalfenster im gotischen Chor eine nicht nur von Fachleuten immer wieder bestaunte Rarität. Dargestellt sind Szenen aus der Bibel und verschiedene Heiligenlegenden. An der Nordseite beginnend, sieht man das großfigurige Heilig-Kreuz- und das Bonifatius-Fenster, dem schließen sich das

... und die törichten Jungfrauen rechts am Portal

Eustachius-Fenster, das Katharinen-Fenster, links vom Hochaltar das Apostelmartyrien-Fenster, das Apostel- und das Passions-Fenster an. Den Abschluss auf der Südseite bildet das nach 1403 eingesetzte, aus dem Nachlass des verstorbenen Domvikars finanzierte Tiefengruben-Fenster. Auf ihm sind neben dem Gekreuzigten verschiedene Heilige sowie die Krönung Marias dargestellt.

Auch das auf einem Stufenpodest angeordnete doppelreihige Gestühl stammt noch aus der Frühzeit des Chores. Die um 1370 entstandenen Schnitzarbeiten zeigen musizierende Menschen und Engel, Szenen aus dem Winzerleben und aus der biblischen Geschichte sowie Tiere, Blumen, Fabelwesen und ornamentalen Schmuck. Auffallend ist die Fröhlichkeit in den Gesichtern der meisten Figuren. Wie jedoch die Chorherren angesichts der mit prachtvollen Frauenfiguren geschmückten Sitz-Wangen dem geistlichen Geschehen vor dem Altar folgen konnten, bleibt rätselhaft.

Der Hochaltar entstand 1697. Er ist dreizehn Meter breit und erreicht eine Höhe von siebzehn Metern. Hinsichtlich seiner Schönheit und Größe führt er die Reihe herausragender Barockaltäre in Thüringen an. Die Erfurter Maler Jacob Samuel Beck und Tobias Jacob Hildebrand schufen die vier Wechsel-Bilder. Die Heiligen sind als lebensgroße Schnitzfiguren ausgeführt. Im unteren Bereich sieht man – paarweise zugeordnet und von innen nach außen betrachtet – die Missionsbischöfe Adolar und Eoban, Bonifatius und Martin, Petrus und Paulus. In der Etage darüber stehen die vier Evangelisten, über diesen wiederum der heilige Joseph, der Erzengel Michael, der für den Pilger-Schutz zuständige Engel Raphael und Johannes der Täufer.

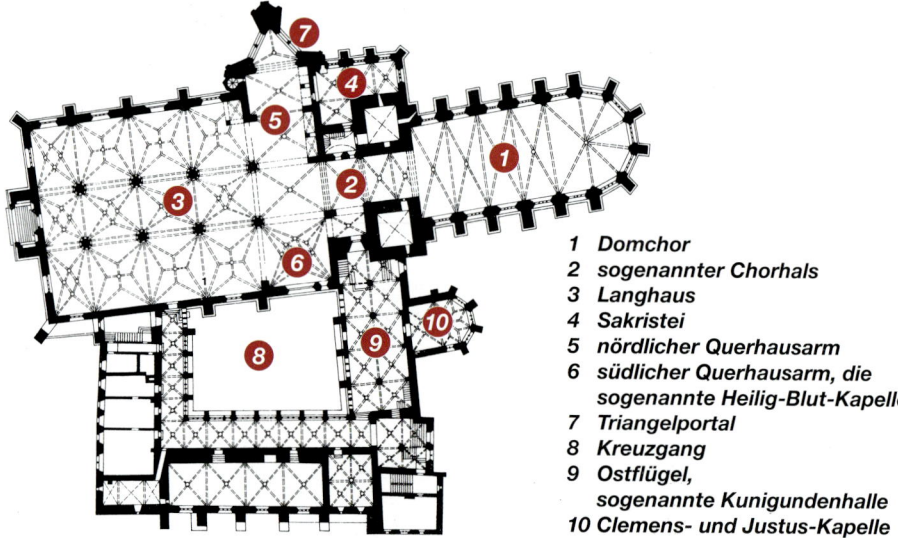

1 Domchor
2 sogenannter Chorhals
3 Langhaus
4 Sakristei
5 nördlicher Querhausarm
6 südlicher Querhausarm, die sogenannte Heilig-Blut-Kapelle
7 Triangelportal
8 Kreuzgang
9 Ostflügel, sogenannte Kunigundenhalle
10 Clemens- und Justus-Kapelle

Aus dem romanischen Vorgängerbau stammt die fast vollplastische „Erfurter Madonna" im offenen Seitenraum des Chorhalses. Wie eine Königin thront diese Stuckmadonna auf ihrem Ringpfostenstuhl und bildet dabei mit ihrem streng aufgerichteten Körper selbst wieder einen Thron. Auf dem sitzt Christus, knabengroß, doch bereits mit männlich-ernstem Gesicht und mit Füßen, die zu keinem Kind passen.

Diese Skulptur entstand um 1160, ungefähr zeitgleich mit der bronzenen Lichtträgergestalt. Sie ist nach ihrem Stifter Wolfram benannt, dessen Name in das Gürtelband ziseliert wurde. Der Untersatz, auf dem diese 1,50 Meter hohe Figur befestigt ist und auf dessen Bronzefüßen seltsame Tiere und Fabelwesen hocken, stammt aus der gleichen Zeit. Wolfram steht mit seinem Geleucht wie auf der Krone einer Stadtmauer. Sobald von frei stehenden und hohl gegossenen Großplastiken die Rede ist, wird der Erfurter Wolfram in einem Atemzug mit dem Braunschweiger Löwen genannt, der ja für die Kunstgeschichte eine feste Größe ist.

Vor der Absperrung an der Südwand recken sich die Kleineren, um wenigstens einen prüfenden Blick in die Holztruhe zu werfen, die das „Heilige Grab" symbolisiert. In der liegt ein um 1420 geschnitzter Christus aus Lindenholz. Der hat einen Kissenkeil im Genick, damit der Kopf etwas angehoben ist und wir dem Toten besser ins Gesicht blicken können. Die Truhe ist mit schlafenden Grabwächtern bemalt. Der hochgeklappte Deckel zeigt die bei der Grablegung anwesenden trauernden Figuren und Heiligen.

An der Südwand des Langhauses befindet sich ein Monumental-Gemälde, auf dem der heilige Christopherus dargestellt ist. Das auf Sandstein aufgetragene Ölbild nimmt eine Fläche von 56 Quadratmetern ein und entstand im Jahre 1499. Am unteren Bildrand ist das Porträt des Stifters und Domdechanten Markus Becker zu sehen. Dahinter erkennt man eine Stadtlandschaft, mit der natürlich nur Erfurt und der Dom St. Marien gemeint sein können.

Die Steinplatte unter dem Wandgemälde schmückte einst die Grabstätte eines

Grafen von Gleichen. Der hier Abgebildete steht zwischen zwei Frauen. Mutter und Gemahlin, heißt es dazu erklärend in einem Text. Doch die Überlieferung kennt noch eine andere Geschichte, und in der ist die eine wie die andere die Frau des Grafen. Mit der gemalten Legende schmückte Eduard Kämpffer die Flurwände im Rathaus.

Bei der Platte handelt es sich um das älteste derartige Grabdenkmal im Dom. Die Entstehungszeit wird um 1250 datiert. Allerdings befand sich der Von-Gleichen-Stein bis zum Beschuss des Petersberges im November 1813 durch preußische Truppen im dortigen Kloster.

Die Hauptorgel an der Westseite wurde 1992 von der Potsdamer Orgelbaufirma Alexander Schuke eingebaut. Sie besitzt 63 auf drei Manuale und ein Pedal verteilte Register. Von ihrem Spieltisch aus kann auch die Schuke-Orgel im Chor gespielt werden. Das rechts von der Orgel befindliche Taufbecken vollendete Hans Friedmann der Ältere im Jahre 1587. Der achtzehn Meter hohe Überbau entstand zur gleichen Zeit durch Hieronymus Preußer. Er brachte den Hintergrund für das Taufgeschehen – die „Verbindung zwischen Himmel und Erde" – sehr anschaulich auf den Punkt: Die Spitze endet in einer Wolke, aus der uns der Gottvater einladend und freundlich anblickt.

Zu den schönsten Gemälden, die sich im Domschatz befinden, gehört der in kräftigen Farben gestaltete „Einhornaltar". Auf dem Mittelbild ist die Verkündigung durch den ins Hifthorn blasenden Engel Gabriel als Jäger dargestellt. Mit seinen Hunden treibt er Maria das weiße Fabeltier zu, das sich, so die Legende, nur von einer Jungfrau fangen lässt, der es dann seinen Kopf in den Schoß legt. Dieses Bild betrachteten die Kirchenväter als Symbol für die Menschwerdung Christi im Schoße Marias. Die um 1420 geschaffene Arbeit ist im nördlichen Querhausarm aufgestellt, in den man durch das Triangelportal gelangt.

Am Anfang des Chorhalses und vom Einhorn nur wenige Schritte entfernt, werden hinter einem immer umlagerten, erleuchteten Fenster einige „handlichere" Zeugnisse aus der Schatzkammer des Domes präsentiert. Darunter die Reliquien des heiligen Bonifatius und des heiligen Kilian, der als Patron „des Frankenlandes und Südthüringens" auch in Erfurt große Verehrung erfuhr. Von der am 1. Juni 1235 heiliggesprochenen Landgräfin Elisabeth von Thüringen ist das päpstliche Dokument für ihre Heiligsprechung in der Ausstellung zu sehen. Eine Figur der Heiligen befindet sich an der Wand darüber.

Auch wenn man noch nie in der Landeshauptstadt Thüringens war und den Dom nicht kennt, von Erfurts berühmtester Glocke, der „Gloriosa", hat wohl jeder schon gehört. Weniger bekannt sein dürfte hingegen, dass sie vier Vorgängerinnen gleichen Namens hatte. Die Nummer drei zerstörte ein Feuer, nachdem die vermutlich etwas angeheiterten Glockenmänner nach dem anstrengenden Martinsläuten des Jahres 1416 beim Verlassen der Glockenstube das Löschen der Kerzen vergessen hatten. Die drei Türme brannten aus und alle sechzehn Glocken wurden vernichtet.

„Gloriosa IV" fiel 1474 dem großen Stadtbrand zum Opfer. An dem trug kein Glockenmann Schuld. Drei Jahre später beauftragte man Meister Klaus aus Mühlhausen mit dem Guss einer neuen Hauptglocke. Doch der Gießer wurde vergiftet. Sein Gehilfe brachte die Arbeit zu Ende, und die Glocke kam

Skulptur am Chor

auf den Turm. Nach zwei Jahren bekam sie beim Läuten einen Sprung und schwieg fortan. Ein neuer Glockengießer musste gewonnen werden, und die Erfurter suchten lange! Der Niederländer Gerhard van Wou nahm schließlich die Herausforderung an. Er war 57 Jahre alt, ein erfolgreicher Kanonen- und Glockengießer und hatte schon beachtliche Stücke vorzuweisen, unter anderem mehr als einhundert Kirchenglocken.

Im Mai 1497 kam Gerhard van Wou nach Erfurt und machte sich ans Werk. Auf dem Platz zwischen Mariendom und St. Severi ließ er die Formen in die Erde bringen und baute zwei Schmelzöfen auf. Am 7. Juli ließ er gegen Mittag die Öfen anheizen, um zehn Uhr abends war dann die „Glockenspeise in den Schmelzofen zum nötigen Flusse gediehen". Die Domherren konnten mit ihrer Prozession beginnen und die den Glockenguss befördernden Bittgesänge anstimmen. Nach Mitternacht erfolgte der Abstich. Um zwei Uhr in der Frühe war das Werk vollendet und der Guss der fünften „Gloriosa" war geglückt!

Triangelportal an der Nordseite

Gerhard van Wou hatte eine Glocke von fast drei Metern Durchmesser geschaffen, 2,57 Meter hoch und 11 450 Kilogramm schwer. Es war die größte und schwerste frei schwingende Glocke, die bis dahin gegossen worden war. Dem Niederländer war ein wahres Meisterstück gelungen. Ihrer Größe, ihrer Schönheit und vor allem ihres ungewöhnlichen Klanges wegen galt die „Gloriosa" fortan als die berühmteste Glocke der Welt.

„Mich fertigte Gerhard Wou aus Kampen im Jahre des Herrn 1497", heißt es auf dem Schriftband, das die Glocke schmückt. Nach fast fünf Jahrhunderten „Dienst im Turm" bekam die „Gloriosa" beim Weihnachtsläuten 1984 einen feinen Sprung. Der konnte seinerzeit dank eines neuen Verfahrens von der bayrischen Glockengießerei Lachenmeyer im Turm geschweißt werden. Dazu war es erforderlich, alles Brennbare aus der Glockenstube zu entfernen und einen Betonboden einzuziehen. Um die „Gloriosa" herum wurde ein Ofen errichtet. Mit einem Holzkohlefeuer wurde dann die Bronzeglocke auf 450 Grad Celsius „vorgewärmt", um die erforderliche Schweißtemperatur zu bekommen. Die Reparatur glückte. Die „Gloriosa" erhielt ihren alten Klang zurück und hallte fortan nicht mehr fünfundzwanzig Sekunden, sondern fünf Minuten nach!

Als sich Jahre später wieder ein Riss einstellte, musste die Glocke vom Turm geholt werden. In einer aufsehenerregenden Aktion wurde die „Gloriosa" auf einem „Schlitten" aus der Glockenstube, in der sie ein halbes Jahrtausend hing, „herausgefahren". Ein 250-Tonnen-Spezialkran holte sie dann vom Turm ab und setzte sie behutsam neben dem Triangelportal auf einen Tieflader, der sie ins bayrische Nördlingen brachte. Wenige Monate später kehrte die „Gloriosa" wieder zurück, und als die Adventszeit anbrach, läutete sie, weithin hörbar, die Weihnachtszeit 2004 ein.

Aufgrund ihres Alters, ihrer Größe und ihres Klanges wird die Erfurter „Gloriosa" auch heute noch als „omnium campanarum regina" bezeichnet, als „aller Glocken Königin". Eine solche Ehre hat sie natürlich verdient. Und wer an einem der hohen Feiertage des Kirchenjahres, denn nur dann darf sie geläutet werden, nach Erfurt und auf den Domberg kommt, wird sich davon überzeugen können und macht sich selbst damit das größte Geschenk.

Severikirche

St. Severi ist die zweite den Domhügel prägende Kirche. Ihre beiden den Chor flankierenden und von einem noch mächtigeren Mittelturm überragten spitzhelmigen Türme behält man im Kopf. Die Kirche wurde zwischen 1278 und 1340 als fünfschiffige gotische Hallenkirche errichtet. Drei ihrer Schiffe stehen auf den Fundamenten eines romanischen Vorgängerbaus. Doch schon vor dessen Errichtung fand hier bereits christliches Leben statt. Im Jahre 836 ließ der Mainzer Erzbischof Otgar die Reliquie des heiligen Severus von Ravenna über die Alpen und ins Kloster der Benediktinerinnen „St. Paul in alto monte" nach Erfurt überführen. So kann man davon ausgehen, dass sich auf dem heutigen Domhügel bereits eine Kapelle und ein Kloster befunden haben. Das Kloster wurde im Jahr 1123 auf den Cyriaksberg und damit vor die Stadt verlegt. 1142 brannten die romanische Basilika und das Severi-Stift nieder. Fast einhundertvierzig Jahre brauchte es, bis die notdürftig wieder aufgebaute Kirche durch einen Neubau ersetzt werden konnte.

St. Severi verfügt über einen besonders großen und aus verschiedenen Stilepochen stammenden Kirchenschatz. Den durch

Sarkophagplatte an der Südwand

Tannenholz gearbeiteten, um 1670 entstandenen Hochaltar. Hier flankieren lebensgroße Schnitzfiguren die auswechselbaren Altarbilder von Jacob Samuel Beck: Der heilige Severus steht auf der linken, Bonifatius auf der rechten Seite. Die Seitenfiguren in der zweiten Ebene sind kleiner. Sie stellen die heilige Vincentia und Innocentia dar, die Gattin und die Tochter des Severus. Der dreizehn Meter hohe Prospekt, der den gesamten Chorraum ausfüllt, eröffnet „die Reihe der großen Barockaltäre" Mitteldeutschlands.

Die Rheinische Sandstein-Madonna an der Nordseite stammt von 1350 und ist die älteste Arbeit in dieser Kirche. Das Alabasterrelief im südlichen Seitenschiff entstand 1467 und zeigt den Erzengel Michael. Auf seinem Arm sitzt ein Menschlein, das es zu schützen gilt. Und fast beiläufig durchbohrt er den Gehörnten in Drachengestalt. Das Relief ist eine Arbeit des Erfurter Lehrmeisters von Tilmann Riemenschneider, und Gorbatschow soll, als er es sah, von dieser Michael-Darstellung sehr begeistert gewesen sein.

das Südportal Eintretenden grüßt der um 1375 geschaffene sitzende Severus aus der Höhe. Der Namenspatron begegnet dem Besucher aber auch im Inneren der Kirche in vielerlei Gestalt. So an dem aus

Sandsteinsarkophag für den heiligen Severus (vermutlich 1363)

Mit dem gleichfalls 1467 entstandenen Taufstein im nördlichen Seitenschiff hat sich der Domherr Dr. Johann Steinberg als Stifter ein Denkmal gesetzt. Der mit Kreuzblumen und reichem anderen Zierrat geschmückte Baldachin wurde aus Sandstein geschaffen und reicht bis zur Gewölberippe. Taufbecken und Baldachin zählen zu den herausragendsten Werken spätgotischer Bildhauerarbeit in Deutschland.

Den größten Eindruck aber hinterlässt wohl der 1363 gefertigte Sandsteinsarkophag für die Gebeine des hl. Severus. Auf drei Reliefplatten wird das Leben des Wollwebers aus Ravenna erzählt, der im Jahre 284 unvermutet zum Bischof gewählt wurde. Wie ein Kamel aussieht, wusste der Steinmetz noch nicht und stellte es sich wie einen Saurier vor. Aber mit dem Christuskind ist ihm ein ungewöhnlich heiteres Kerlchen gelungen, was man freilich nur erkennt, wenn man sich tief bückt.

Die Deckplatte ist ein Abguss. Das Original wurde nach dem Brand von 1472 an der Südwand angebracht. Dort steht der Bischof nun zwischen seiner Frau und der Tochter: sehr lebendig, sehr sympathisch und wunderschön.

Die an der Südseite der Stiftskirche gelegene Blasiuskapelle wurde 1363 angebaut. Den spätgotischen Marienaltar schuf der Erfurter Maler Peter von Mainz im Jahre 1510. Auf den Innenseiten der Altarflügel sind der heilige Andreas – die mannslangen und zum Andreaskreuz geformten Balken neben sich – sowie die heilige Katharina abgebildet, außen Erasmus und Laurentius. Im Zentrum steht, die Mondsichel unter den Füßen und die Wurzel Jesse über sich, Maria im Strahlenkranz. Unter sich den lesenden Propheten Jesaja und den Seher Johannes auf Patmos.

Dem Altar gegenüber befindet sich die einzige moderne Christusdarstellung in St. Severi. Hildegard Hendrichs (geboren 1923) schuf diesen drei Meter hohen Schmerzensmann im Jahre 1953. Die Idee dazu war der in Erfurt lebenden Künstlerin auf dem La Verna, dem Berg der Stigmatisation des hl. Franziskus, gekommen. Aus Italien zurückgekehrt, hatte sie dann, auf den Altarstufen der Kapelle stehend, diese Figur während des Winters „vor Ort" geschaffen. Eindrucksvoll sind die ausgebreiteten Hände. Die Seitenwunde ist zur Mitte hin verschoben und hat dort die Form eines Herzens angenommen. Die Figur ist aus Lindenholz und stand ursprünglich auf der Altarseite.

Der kürzeste Weg vom Domhügel zum Petersberg führt an den Pfarrhäusern des ehemaligen Domstiftes vorbei. Hier steht auch der um 1125 errichtete quadratische Bonifatiusturm. Ursprünglich ein Wehrturm, erhielt er im Jahre 1624 eine Kapelle, die dem „Apostel der Deutschen" geweiht wurde. Ein reizvolles Glockentürmchen krönt das Bauwerk. Darauf wiegt sich die von einem Strahlenkranz umgebene, vergoldete Madonna im Wind.

Marienskulptur

Im Chor der Barfüßerkirche

Barfüßerkirche

Von einer großflächigen Zerstörung blieb Erfurt während des Zweiten Weltkrieges gottlob verschont, was der Stadt den Ruf einbrachte, das größte zusammenhängende Flächendenkmal Mitteldeutschlands zu sein. Dennoch sind schmerzliche Verluste zu beklagen. Dazu gehört die dreischiffige Barfüßerkirche, die einmal die größte Kirche der Stadt war und vor deren eindrucksvoller Ruine man in der Barfüßerstraße ergriffen und staunend steht.

Am 26. November 1944, in der Nacht, die dem Totensonntag folgte, schlug in dieser Straße eine Luftmine ein, die auch einen großen Teil des Langhauses wegriss. Der Hohe Chor aus dem frühen 14. Jahrhundert blieb relativ unversehrt, wurde später durch eine Mauer von der Ruine abgetrennt und diente der Gemeinde lange Zeit als Kirche. 1977 wurde die Barfüßerkirche profaniert und der Stadt übergeben, weil die Gemeinde die Kosten für die Erhaltung nicht mehr aufbringen konnte. Der Chor dient seitdem dem Angermuseum als Außenstelle für die Sammlung sakraler mittelalterlicher Kunst und beherbergt einige außergewöhnliche Ausstellungsstücke.

Der Flügelaltar (Tempera auf Nadelholz), mit der Kreuzigungsszene im Zentrum entstand um 1420 und wird auch als „Färberaltar" bezeichnet. Die Färberinnung trat in der Geschichte der Barfüßerkirche gleich mehrfach als Stifterin in Erscheinung. So trägt denn auch ein Schlussstein im Chor des Schiffes das Wappen der Innung: Vier berockte Färber rühren heiter in einem Bottich voller Waid. Das fein geschnittene Gesicht der Cinna von Vargula strahlt ebenfalls Heiterkeit aus, und beim Betrachten dieser schönen Figur vergisst man völlig, dass es sich hier um eine Grabplatte handelt. Der Erfurter Bildhauer, der sich der 1370 Verstorbenen angenommen hatte, schuf mit diesem Stein ein Meisterwerk, das für ihn namengebend wurde: Was immer er später noch schuf – es war vom „Meister der Cinna von Vargula".

Auf vier Kirchenfenstern sind Glasmalereien von 1235 verteilt. Sie zeigen die Leidensgeschichte Christi und Szenen aus dem Leben des Ordensgründers Franz von Assisi. Es sind die ältesten Fenster der Stadt. Die geschwärzte Sandsteinfigur des Heiligen aus dem 14. Jahrhundert hatte von ihrem ursprünglichen Platz an der äußeren Nordwestwand des Chores auf die Schlösserstraße „geblickt".

Die Franziskaner waren 1225 nach Erfurt gekommen. Ihr Kloster mit der Klosterkirche entstand unmittelbar danach. Weil Bettelmönche barfüßig gingen, wurden die Franziskaner auch als die „Barfüßer" bezeichnet.

Erhaltene Ostteile

Predigerkirche

Die Dominikaner, die leidenschaftliche Verkünder waren, hießen „die Prediger". Von ihrem einst sehr großen und reichen Erfurter Kloster haben der Ostflügel mit dem Refektorium, der Kapitelsaal und die Kirche die Zeiten überdauert.

Die frühgotische Predigerkirche St. Johannes ist Erfurts größtes evangelisches Gotteshaus. Unter den Bettelordenkirchen Deutschlands nimmt sie eine herausragende Stellung ein. Fünfzehn Kreuzgewölbe spannen sich über den hohen Raum, dessen Schlusssteine reich verziert sind und auf die an der Finanzierung beteiligten Spender verweisen.

Mit dem Bau der Predigerkirche wurde nach 1270 begonnen. Neuesten dendrochronologischen Untersuchungen zufolge besitzt sie Deutschlands ältesten noch original vorhandenen und datierbaren Kirchendachstuhl (1272). Den kann man – wie den Glockenturm aus dem 15. Jahrhundert – während einer Führung besichtigen.

Der Lettner stammt von 1410. An der Chorschranke findet man eine kräftig gebaute Madonna mit Kind. Diese sogenannte „Schmedestedtsche Madonna" entstand um 1350 und gilt als das „früheste Werk einer neuen Diesseitigkeit und Körperlichkeit" im mitteldeutschen Raum. Ungewöhnlich ist der Christus auf ihrem Arm, der koboldhafte Züge besitzt. Der doppelflüglige Schnitzaltar im Chor wurde 1492 vollendet.

Künstlerisch bedeutsame Grabplatten lehnen an den Wänden. Die langgestreckt wirkende Orgel auf der Westempore zeichnet sich durch feine Gliederung und reiches

Hoher Chor mit Turm

ornamentales Schnitzwerk aus. Der Prospekt stammt von 1648, das Orgelwerk von 1977. In der Predigerkirche sind Kunstwerke aus sieben Jahrhunderten versammelt, darunter das Tafelgemälde Kalvarienberg, und es gibt eine Menge zu entdecken.

Mit dieser Kirche und dem ehemaligen Predigerkloster ist der Name von Meister Eckhart (1260-1327) verbunden. Der aus Thüringen stammende Dominikaner war fünfzehnjährig nach Erfurt gekommen und in das Kloster der Dominikaner eingetreten. Später hatte er unter anderem in Paris studiert und seine Predigten lange vor Luther auf deutsch gehalten.

Eckhart, der viele Jahre als Mönch und Prior in seinem Mutterkloster gelebt hatte, ging als der große Mystiker des Mittelalters in die Geschichte ein. Weil er dem Papst mehrfach widersprochen hatte und nur seinem Gewissen gefolgt war, wurde er vor das geistliche Tribunal beordert. Auf dem Weg nach Frankreich starb er. Das hinderte den Papst nicht daran, ihn ein Jahr später schuldig zu sprechen und noch nachträglich zum Tode zu verurteilen.

Eine Bronzetür an der Nordfassade der Predigerkirche nimmt auf Meister Eckhart Bezug. Die Tür wurde erst 1999 in das vermauerte Nordportal eingefügt. „Homage auf Meister Eckhart" nannte der Berliner Bildhauer Siegfried Krepp sein 1992 entstandenes Werk. Die Textzeilen hat Krepp mit Disteln unterlegt. Sie sollen an den dornigen Weg des mutigen Mystikers erinnern, die zur Gestaltung eingesetzten „Leiterplatten" auf der Tür an den großen Denker.

Vor der Kirche, zur Predigerstraße hin, haben die Schweden ein Geschenk aus Sandstein, Bronze und Messing hinterlassen. Dort steht der am 10. November 1911 eingeweihte Gustav-Adolf-Brunnen. Der schwedische König und Führer der protestantischen Liga hatte sich während des 30-jährigen Krieges in Erfurt aufgehalten und der Stadt manche Wohltat erwiesen. Der Text auf dem Schriftband stammt aus seinem Lieblingslied: „Verzage nicht, du Häuflein klein ..."

Aufwendig gearbeiteter Orgelprospekt von 1648

Der Anger

Der Anger war das Herz der Stadt und ist es noch heute. Waid und Wolle, Weizen und Wein – hier wurde seit frühester Zeit gehandelt. Und als man bei Straßenarbeiten ein Skelett im Kiesbett fand, steckte zwischen den Kieferteilen eine Münze aus Byzanz ...

Der Anger erstreckt sich zwischen Kaufmanns- und Wigbertikirche und ermöglicht eine spannende architektonische „Zeitreise". Die Beispiele reichen von der Gotik bis hin zu den prachtvollen Gründerzeithäusern, zu Jugendstil und Neuer Sachlichkeit. Der platzbeherrschende gläserne Bücher-Tempel entstand erst in jüngerer Zeit. Durch die Scheiben im oberen Stockwerk hat man einen ungewöhnlichen Blick auf den Anger, den man natürlich nur zu Fuß erkunden kann, mit viel Muße und Schritt für Schritt.

Im Nordosten steht die 1368 geweihte gotische **Kaufmannskirche**. Friesische Kaufleute hatten hier bereits im 11. Jahrhundert einen Bau errichtet, der aber niederbrannte. In der dem heiligen Georg von Utrecht geweihten Kirche wurden 1668 die Eltern von Johann Sebastian Bach getraut und Dutzende Bach-Kinder getauft. Die in Erfurt lebenden Bachs waren fruchtbar und musikalisch und stellten zuweilen mehr als die Hälfte der Stadtmusikanten, was dazu führte, dass man von den „Bachen" sprach, wenn man die Musikanten meinte.

Luther predigte im Oktober 1522 in der Kirche. Das Denkmal auf dem Vorplatz schuf Fritz Schaper zum 400. Geburtstag des Reformators. Die Reliefs am Sockel illustrieren Szenen aus Luthers Leben in Erfurt.

Das benachbarte **Postgebäude** erweckt den Eindruck, als stünde man vor dem Posthaus ganz Thüringens! Es wurde zwischen 1882 und 1885 im Stile von Neogotik und Neorenaissance errichtet. Der Fassadenschmuck zeigt die ganze Palette der Dienstleistungen. Da purzeln Briefe aus Füllhörnern und ein pausbäckiges Kerlchen saust, Flügel am Rücken und eine Nachricht in der Hand, fröhlich auf der Telegrafenleitung herab. In der Eingangszone genügt ein Heben des Kopfes und man fühlt sich in den Orient versetzt.

Gegenüber predigt Franz von Assisi den Vögeln. Die Skulptur

Kaufmannskirche mit Luther-Denkmal

steht vor dem **Ursulinenkloster St. Magdalena**. Das fügt sich ob seiner Schlichtheit fast unauffällig in die Straßenzeile ein. Ein Kloster ist hier schon 1183 genannt. Flügelaltar und Kruzifix der Klosterkirche stammen aus gotischer Zeit, ein außergewöhnliches Vesperbild (um 1340) befindet sich in der Klausur. Im Kloster arbeiten noch einige Ursulinerinnen, und wenn man vom belebten Anger kommend in den Torgang tritt, ist man von der dortigen Atmosphäre überrascht.

Das barocke Nachbargebäude **„Zur Grünen Aue und Kardinal"** (Anger 6) wurde 1713 auf zwei abgebrannten Hausstellen errichtet. Während des Fürstenkongresses 1808 wohnte hier Zar Alexander I. Weil seine berittene Wache bei Regen keine gute Figur machte, wurden Schildhäuschen mit Übergröße bestellt, passend für Reiter mit Ross.

Wo die Bahnhofstraße einmündet, zieht das palaisartige **Angermuseum** den Blick auf sich. Dieses in kräftigem Gelb gehaltene Eckgebäude (Anger 18) war zwischen 1705 und 1711 nach Plänen von Maximilian von Welsch als Kurmainzischer Pack- und Waagehof errichtet worden. Sein Mittelrisalit reicht bis ins dritte Geschoss und der Wappen- und Figurenschmuck bis in die Giebelspitze hinauf, wo der Stadt- und Diözesen-Heilige den Mantel mit dem Bettler teilt.

Das Gebäude wird seit 1883 museal genutzt. Das Erfurter Angermuseum ist berühmt für seine reiche Sammlung regionaler mittelalterlicher Kunst. Hier werden Thüringer Fayencen und Gemälde des 19. und 20. Jahrhunderts ausgestellt. Große Beachtung finden die von Erich Heckel zwischen 1922 und 1924 geschaffenen expressionistischen Wandmalereien. Sie befinden sich in einem Erdgeschossraum, der während der Zeit des Nationalsozialismus verschlossen blieb. Heckels Freund, der Museumsdirektor Walter Kaesbach, hatte die Ausmalung angeregt; der Erfurter Mäzen Alfred Hess hatte sie finanziert. Die „Welt des Mannes" und die „Welt der Frau" sind auf den Wänden dargestellt. „Lebensstufen" nannte Heckel sein Werk. Künstlerfreunde, in deren Zentrum Stefan George und sein Kreis standen, sind darauf abgebildet. Das Angermuseum bleibt wegen umfassender Renovierungs- und Umbauarbeiten voraussichtlich bis 2009 geschlossen.

Rokoko-Haus „Zum Großen Schwanenreiter und Paradies" (Anger 28) von 1706

Der Anger ist etwa sechshundert Meter lang, und man tut gut daran, immer mal die Seite zu wechseln, um das nächste Kleinod ordentlich in Augenschein nehmen zu können. Und da diese alte Marktstraße nur von Straßenbahnen befahren werden darf und hiesige Stadtbahnfahrer besonders umsichtig agieren, begibt man sich beim Wechseln kaum in Gefahr!

Die **Bartholomäuskirche** wurde nach der Reformation aufgegeben. Jetzt steht von ihr nur noch der Turm. In ihm hängt ein aus 60 Glocken bestehendes Glockenspiel. Das erklingt täglich um zehn, um zwölf und um achtzehn Uhr fünfoktavig aus der Höhe.

Diele mit barocker Balustrade im Haus Dacheröden

verschwand 1948 und wurde nach der Restaurierung des Gebäudes im Jahre 2004 durch eine Nachbildung ersetzt. Der 35-jährige Bismarck hatte 1850 am Unionskongress teilgenommen und sich, wie er fand, seine ersten „diplomatischen Sporen" verdient.

Ein **Brunnen** schließt den Anger nach dieser Seite hin ab. Die männliche Monumental-Figur mit dem Schraubstock im Rücken und dem Hammer zwischen den Schenkeln lässt einen sofort an Handwerk und industriellen Aufschwung denken, die großfüßige Frau mit der Blume zwischen den Fingern an den Erfurter Gartenbau. Das Denkmal schufen der Architekt Stöckardt und der Berliner Bildhauer Hoffmeister. Die Einweihung fand 1890 statt.

Die größte Glocke wiegt 2 393 Kilogramm, die kleinste gerademal zwanzig. Früher wurden sie per Hand angeschlagen, jetzt setzt eine Automatik das jahreszeitlich abgestimmte Repertoire in Gang. Als aber einmal der Winter mitten im Frühling zurückgekehrt war, musste der Glockenspielbetreuer zum Liedertausch doch die 130 Stufen im Turm hinauf.

Nackte Paare schmücken das **Sparkassengebäude** (Anger 25). Die Figuren verkörpern leichtfertige Geldverschwendung und vorsorgendes Sparen. Ein Mann kniet hinter einer Frau. Er knetet ihre Schultern, und da überlegt man schon, ob das nun Vorsorge ist oder unter Leichtsinn fällt. Der Viergeschosser, 1930 im Stile Neuer Sachlichkeit errichtet, ist mit Hochreliefs von Hans Walther geschmückt.

Wo heute das **Bismarckhaus** (Anger 35) steht, befand sich das Haus „Zum Tannenberg und zum grünen Löwen". Das wurde 1900 abgerissen. Weil dort aber ein halbes Jahrhundert zuvor Otto von Bismarck logiert hatte, brachte man eine Bronzestatue an der Fassade des Neubaus an. Das Standbild

Das **Dacherödensche Haus** (Anger 37/38) darf schon allein wegen seines Renaissanceportals von 1557, des Erkers und der Dachgaupen in keinem Erfurt-Buch fehlen. Dieser Bürger-Palast ist aus den Häusern „Zum Güldenen Hecht" und „Zum Großen Neuen Schiff" hervorgegangen und krönt gewissermaßen den Anger-Spaziergang. Im „Hecht" wohnte ein Vertrauter des Statthalters Dalberg: Karl von Dacheröden. Bedeutende Zeitgenossen gingen bei ihm ein und aus, so auch Johann Bartholomäus Trommsdorf, der Erfurter Universitätsprofessor und Begründer der modernen Pharmazie. Dacherödens Tochter Karoline heiratete hier 1791 Wilhelm von Humboldt. Schiller lernte bei ihr die Lengefeld-Schwestern kennen und verlobte sich im Haus am Anger mit der einen, obwohl die andere auch nicht übel war.

Kurmainzische Statthalterei

Ein angewinkeltes Frauenbein erscheint in der Höhe, sobald man den Kopf in den Nacken legt. Das Bein ist schönwadig und nackt und gehört einer der beiden Damen, die den barocken Balkon schmücken. Darunter stützen zwei bärtige Hermen den Austritt und flankieren das Tor.

Die ehemalige Statthalterei in der Regierungsstraße zählt zu den prachtvollsten Bauwerken der Stadt und ist seit 1995 Amtssitz des Thüringischen Ministerpräsidenten und Domizil der Staatskanzlei. 1694 hatte der kurmainzische Statthalter am heutigen Standort drei Patrizierhäuser erworben, um eine repräsentative Statthalterei zu errichten. Die zog unter seinem Nachfolger 1702 im heutigen Ostflügel ein. Der fränkische Baumeister Maximilian von Welsch erhielt nun den Auftrag, einen barocken Westflügel zu errichten. Den Neubau zur Markgrafengasse hin und den Renaissanceteil im Osten verband von Welsch durch einen Mittelrisalit. 1720 waren die Um- und Neubauten abgeschlossen. Als Hofkirche diente den Statthaltern die Wigbertkirche in der Nachbarschaft. Sechs Vertreter des Kurfürsten fanden hier ihre letzte Ruhestätte.

Unter Carl Theodor von Dalberg war die Statthalterei von 1771 bis 1802 zu einem Ort der Begegnung und des freimütigen Austausches geworden. Eine Tafel erinnert an die berühmten Besucher aus Weimar. Aber auch andere Gäste waren Dalberg zu den wöchentlichen, „Assembleen" genannten Zusammenkünften willkommen. Als „Eintrittskarte" genügte ein sauberes Hemd.

Barockbau der Statthalterei (heute Staatskanzlei)

Haus „Zum Roten Ochsen" mit dem Standbild eines römischen Kriegers

Mit Dalberg endete die kurzmainzische Zeit. Während der französischen Besatzungsjahre wohnte Napoleon in seinem „Erfurter Palast". Am 2. Oktober 1808 empfing er hier Goethe. „Vous êtes un homme!" (Was für ein Mann!) soll der zwanzig Jahre jüngere Kaiser ausgerufen haben, als er den Dichter so gut beieinander sah. Dann unterhielt man sich über den „Werther", und der Korse wusste erstaunlich gut Bescheid.

Ab 1815 gehörte Erfurt wieder zu Preußen. Links vom Portal verweisen eine „Preußische Halbe Ruthe" und ein gusseiserner Meterstab auf diese wechselvolle Zeit. Der Schmuckerker am Ostflügel stammt aus der Renaissance, als das Haus noch „Zum stolzen Knecht" hieß. Der ist als Landsknecht abgebildet. Das Wappen des Hausbesitzers schmückt das mittlere, ein Landsknecht zwischen drei Frauen das rechte Feld. Der aus der Wand kühn herausragende und den Erker mutig stützende Kopf erinnert an den „Steynmetz", der diese bildhauerische Arbeit 1540 schuf.

Fischmarkt

Der Fischmarkt ist ein fröhlicher Platz! Das hat nicht zuletzt mit den heiter wirkenden Fassaden mancher Gebäude zu tun. Hier herrscht ein ständiges Kommen und Gehen. Touristengruppen, die zur Krämerbrücke wollen, begegnen denen, die mit ihrem Stadtführer schon auf dem Wege zum Dom sind, zum Hochzeitshaus in der Großen Arche oder in die unterirdischen Gänge am Petersberg. Auf dem Fischmarkt hält auch die Stadtbahn. Und wenn diese, vom Anger kommend, in die Marktstraße einbiegt, dann tut sie das so geräuscharm, so rücksichtsvoll und elegant, dass sich niemand belästigt fühlt. Der Platz lädt auch zum Verweilen und zum Verschnaufen ein. Straßenmusikanten packen auf dem Fischmarkt zuweilen ihre Instrumente aus; und wer seinen Begleiter beim Altstadtbummel aus den Augen verloren hat, der kann fest darauf vertrauen, dass er ihn hier wiederfindet.

Der Fischmarkt, auf dem in früheren Jahrhunderten auch Fische feilgeboten wurden, ist einer der ältesten Handelsplätze der Stadt. Als „forum piscium" taucht er erstmals im Jahre 1293 auf. Über ihn führte einst die berühmte Via regia. Hier stand auch Erfurts erstes Rathaus, und wer an diesem Platz sein Haus hatte, der gehörte zur Oberschicht und wollte seinen Reichtum auch zeigen. Das war dann wohl auch der Grund dafür, weshalb während Erfurts „Hoch-Zeit" im Mittelalter am und um den Fischmarkt herum so prachtvolle Bürger- und Handelshäuser entstanden sind.

Einer der mittelalterlichen Bauherren hieß Jacob Naffzer. Er war Ratsherr und Waidhändler und ließ im Jahre 1562 das Haus „Zum Roten Ochsen" (Nr. 7) errichten. Die reich geschmückte Renaissancefassade springt einem sofort ins Auge, wenn man den Platz betritt. Der Eingang des dreigeschossigen Traufenhauses ist mit einem dorischen Schmuckportal versehen. Die naiven Figurenfriese personifizieren die sieben römischen Wochentage auf der einen, die griechischen Musen auf der anderen Seite. Da sind zur Linken Saturn und der Kriegsgott Mars mit dem erhobenen Schwert dargestellt, Jupiter, die strahlende Sol, die herztragende Venus, Merkur und Luna. Zur Rechten sieht man Euterpe,

Relief „Roter Ochse"

Haus „Zur Güldenen Krone"

Klio, Thalia, Erato, Polyhymnia, Melpomene, Terpsichore und Urania, die Muse der Sternenkunde. Auf dem Giebel hält ein römischer Streiter sein Fähnlein in den Wind. Hinter den Initialen GAF verbirgt sich die „Galerie am Fischmarkt" (heute „Kunsthalle Erfurt"), die hier seit den Siebzigerjahren des 20. Jahrhunderts ihr Domizil hat.

Das dreigeschossige Haus **„Zur Güldenen Krone"** (Nr.6) wirkt im Vergleich zu seinem Nachbargebäude mit dem lächelnden Ochsen geradezu schlicht. In den zurückliegenden Jahrhunderten wurden verschiedene Umbauten vorgenommen. Was sein Alter und seine Geschichte anbelangt, muss sich dieses Haus neben den anderen aber keineswegs verstecken. An den alten Namen erinnert die Inschrift hoch oben im Giebelfeld; die Zahl auf dem Schlussstein des mittleren Eingangs gibt uns das Jahr der Erbauung preis: 1488, denn die wie eine Zange nach unten geöffnete Acht ist eine Vier.

Im Haus „Zur Güldenen Krone" befand sich ab 1615 die Niederlassung der Reichspostdirektion von Thurn und Taxis. 1912 und zuletzt in den Neunzigerjahren wurde das ehemalige Waidhändlerhaus erneut umgebaut. An den Decken im Inneren haben sich Reste floraler Balkenbemalung aus der Spätgotik und der Renaissance erhalten.

Neben diesem alten Fischmarkt-Haus liegt der **„Ratskeller"** (Nr. 5). 1477 übernahm die Stadt das aus dem 13. Jahrhundert stammende Haus „Zum Lauenstein" und machte ein Gasthaus daraus, in dem auch Fremd-Biere wie das Torgauer ausgeschenkt werden durften. Der Zustand des Gebäudes war 1990 so desolat, dass nur die Fassade und einige Außenwände in das 1995 eingeweihte Wohn- und Geschäftshaus integriert werden konnten. Im Keller erinnern vor allem das „Torgauer Gewölbe" und der „Lauenstein-Tunnel" an vergangene Zeiten.

Am Haus **„Zum Breiten Herd"** (Nr. 13-16) auf der anderen Seite des Platzes kommt man nicht vorbei, ohne den Schritt zu verlangsamen und den Kopf zu heben! Die Fassade ist üppig geschmückt, und die Vielfalt verwirrt. Über dem Erdgeschoss sind die fünf Sinne dargestellt: Visius, das durch den Spiegel angedeutete Sehen, Auditus, das Hören, Odoratus, das Riechen, Gustus, das

Schmecken, und Tactus, das Fühlen. Diese allegorischen Darstellungen werden auf dem Fries am Nebenhaus mit den menschlichen Tugenden fortgesetzt: Mit Gerechtigkeit und Klugheit, mit Bescheidenheit und Mut. Der Architekt Carl Frühling, der auch das Schloss zu Wernigerode umgebaut hatte, lieferte dazu die Pläne. Und dass das Haus zur Linken 1584 für den Ratsmeister und Stadtvogt Heinrich von Denstedt errichtet wurde, Frühlings Anbau jedoch von 1883 stammt und damit dreihundert Jahre jünger ist, mag man nur schwer glauben.

Relief am „Haus zum Breiten Herd"

Das Haus „Zum Breiten Herd" wird wie das mit ihm verbundene sogenannte Gildehaus, im Erdgeschoss gastronomisch genutzt. Hier hat die Handelskammer Thüringens traditionell ihren Sitz. Man sollte nicht versäumen, seitlich durch das hohe schmiedeeiserne Tor mit der Aufschrift „Zum Stötzel" zu treten und sich von dem geräumigen und begrünten Innenhof-Areal beeindrucken lassen. Das Schlösschen an der Nordseite stammt von 1727.

„Haus zum Breiten Herd" mit später angebautem Gildehaus (rechts)

Rathaus am Fischmarkt

Ein besonderer Anziehungspunkt ist das dem Rathaus zugewandte 1,90 Meter große und teils vergoldete **Standbild** auf dem Fischmarkt. Diese Sandsteinfigur wurde 1591 in städtischem Auftrag von dem niederländischen Bildhauer Israel von der Milla geschaffen. Der die Stadtfahne tragende römische Krieger erinnert auf den ersten Blick an eine Rolandfigur, die im Mittelalter gemeinhin als Indiz für städtische Freiheit galt. Die ungewöhnliche Gewandung gibt allerdings Rätsel auf und am Bein lehnt das Schild mit dem Erfurter Wappen-Rad. Damit könnte – zumindest verschlüsselt – auf den Balanceakt zwischen Erzbistum und Stadt verwiesen sein. Denn was für die einen der „Roland" oder der die Stadtrepublik präsentierende römische Krieger war, wurde den anderen als Heiliger Martin verkauft. Und gegen den konnte man nun wirklich nichts einwenden. Er war schließlich der Schutzheilige von Bistum und Stadt und in seinen besten Jahren Angehöriger des römischen Militärs!

Das höchste Gebäude am Fischmarkt ist das **Rathaus**. Es entstand zwischen 1870 und 1875 im neugotischen Stil an der Stelle eines maroden Vorgängerbaus. Mit dem konnte man im Zeitalter des industriellen Aufschwungs nicht mehr renommieren. Er fiel der Spitzhacke zum Opfer, obschon sich auch der königlich-preußische Baumeister Karl Friedrich Schinkel für den historischen Altbau begeistert hatte. Schinkel unterbreitete einen Vorschlag, der das frühere Rathaus mit einbinden sollte. Dieses – 1275 erstmals als „curia consulum" erwähnt – war ursprünglich als Kauf- und Versammlungshaus errichtet und später immer wieder erweitert worden.

Der Neubau stützte sich auf Pläne des Erfurter Stadtbaurates Theodor Sommer. Am 6. Januar 1870 wurde der Grundstein gelegt. Eine erste Einweihungsfeier gab es bereits im Dezember 1875, sechshundert Jahre nach der Ersterwähnung des Vorgängerbaus. Die große Einweihungszeremonie fand dann aber am 6. Juni 1882 statt. Zu diesem Zeitpunkt war auch die Ausgestaltung des Festsaals abgeschlossen.

Selbst wenn man keine Behörde aufsuchen will und für Verwaltungspaläste nichts übrig hat: Der Besuch des Erfurter Rathauses ist ein Muss! An keiner anderen Stelle trifft man schließlich so konzentriert auf die Geschichte Erfurts und der Thüringer Sagenwelt wie hier.

Eine Kostbarkeit ist der Festsaal im zweiten Obergeschoss. Er lebt in der Hauptsache von dem großartigen Gemäldezyklus zur Erfurter Geschichte, den Peter Janssen (1844-1908), Professor an der Düsseldorfer Kunstakademie, zwischen 1878 und 1882 geschaffen hat. Hier begegnet man auch dem die Kulteiche fällenden Bonifatius.

Das Gemälde im Zentrum der Decke fertigte der Kunstmaler Hermann Schapper aus Hannover. In der Mitte ist das Erfurter Wappen dargestellt: ein silbernes Rad auf rotem Grund, flankiert von zwei eindrucksvollen heraldischen Figuren. Im Festsaal sind auch einige lebensgroße Plastiken aufgestellt, so die Justitia und die Industria. Als interessantes Studienobjekt entpuppen sich die Rückenlehnen der Eichenbänke. Hier sind die Namen, die Wappen und gelegentlich auch die Symbole jener Persönlichkeiten eingeschnitzt, deren Biographien und Taten einen engen Bezug zur Stadt haben.

Die Bilder in den Korridoren und im Treppenhaus stammen von dem 1858 geborenen Historienmaler Eduard Kämpffer. Dargestellt sind unter anderem Szenen aus der Tannenhäuser- und der Graf-von-Gleichen-Sage, aus dem Leben von Martin Luther und von Dr. Johann Faust, der ebenfalls in Erfurt war.

Mit dem Neubau am Ende des 19. Jahrhunderts war das Kapitel Rathaus noch längst nicht ad acta gelegt. Der Anstieg der Bevölkerungszahl verlangte mehr Beamte und damit zusätzliche Räume. 1904 wur-

Gemälde an der Festsaalsecke

de der Ostflügel verlängert. 1934 folgte der nächste Erweiterungsbau mit einem dritten Treppenhaus und dem Sparkassengebäude. Hier hatte der Stadtoberbaurat Johannes Klaß im Stile der neuen Sachlichkeit einen architektonisch mutigen Übergang zwischen Rathaus und angrenzenden Gebäuden hergestellt.

Die an der Giebelfront angebrachten Plastiken aus fränkischem Muschelkalkstein vom Erfurter Bildhauer Hans Walther rufen, da sie nun mal an einer Sparkasse angebracht sind, bei aufmerksamen Passanten doch ein Schmunzeln hervor. Von links nach rechts betrachtet begegnet man da nämlich der Gefräßigkeit, der Eitelkeit, der Dummheit und Faulheit, dem Neid und dem Geiz. Die Tierkreise an den Fensterkehlen symbolisieren das Auf und Ab im menschlichen Leben, das Eck-Relief erinnert an die Verantwortung für in Not Geratene.

Um einen Eindruck von der wirklichen Größe des Rathauses zu bekommen, muss man es schon einmal umrundet haben. Durch die Rathausgasse gehend, läuft man auf ein Denkmal für Till Eulenspiegel zu, der auch in Erfurt sein Unwesen getrieben hatte. In Anspielung auf einen seiner im „Volksbuch" verewigten Streiche, bringt er hier gerade einem Esel das Lesen bei.

Das prachtvolle Haus **„Zum Großen Paradies und Esel"**, gleich gegenüber, entstand 1469 und lässt ahnen, welchen Einfluss seine Besitzer in der Stadt ausgeübt haben werden. Das linke Wappen erinnert an die Familie Kellner, das rechte an die Markgräfes, die einem Geschlecht hiesiger Waidhändler entstammten.

Die schmale kurze Gasse, die hier beginnt, endet am Wasser. Mit dem klassizistisch anmutenden Gebäude An der Stadtmünze 4/5 verbindet sich eine besondere Geschichte. 1840 wurde es als **„Kleine Synagoge"** eingeweiht. Als die Zuzugsbeschränkungen für Juden aufgehoben wurden, jüdisches Leben in Erfurt also wieder mehr oder weniger zum Alltag gehörte, genügte die Kleine Synagoge den Ansprüchen schon nicht mehr. 1884 wurde am Karthäuserring die Große Synagoge eingeweiht. Das nicht mehr benötigte Haus wurde deshalb von einem Kaufmann erworben, der es zu einem Lager für Spirituosenfässer und Essenzen umbaute.

Da das Gebäude von 1918 an ausschließlich als Wohnhaus genutzt worden war, entging es in der Reichspogromnacht am 9. November 1938 der Zerstörung und geriet ganz in Vergessenheit. Jahrzehnte später, anlässlich des 60. Jahrestages der Pogromnacht, wurde die „Kleine Synagoge" als Begegnungsstätte eröffnet. Seitdem kann man sich im Inneren detailliert über die Geschichte der Erfurter Juden und über dieses Haus informieren.

An der Krämerbrücke

Auf der Krämerbrücke können selbst Großmütter ihre Enkel zum Staunen bringen! Im Haus Nummer 31 hat der Architekt ein gläsernes Guckloch in den Boden eingelassen. Durch das blickt man gewöhnlich aufs Wasser des Breitstroms, während des Sommers aber zuweilen auch ins Gesicht einer pfiffigen Großmutter, die mal schnell durchs ausgetrocknete Flussbett geeilt ist und dann, zur Verblüffung der Kinder, winkend unter dem „Bullauge" des Brückenhauses steht!

In dem aufwendig restaurierten und rekonstruierten Haus informieren die Stiftungen, denen das Bewahren der Krämerbrücke und der Denkmalschutz in Erfurt am Herzen liegen, über ihre Arbeit. Hier erfährt man auch, wie alles auf und mit dieser Brücke begonnen hat und wie es im Inneren eines mittelalterlichen Brückenhauses aussah.

Wer in den Keller hinabsteigt, findet sich in einem ausgehöhlten Brückenpfeiler wieder, und wer in den ersten Stock geht, steht in einer Bohlenstube von 1579. Ein Modell zeigt sämtliche 32 Brückenhäuser, und wenn man, um vieles klüger, das „Haus der Stiftungen" verlässt, betrachtet man alles mit geschärftem Blick.

Die Krämerbrücke ist Deutschlands einzige bebaute und bis heute bewohnte Steinbrücke. Sie wurde schon 1156 erwähnt, ist 120 Meter lang, 19 Meter breit und bis zu den Hausfirsten durchschnittlich 25 Meter hoch.

Das steinerne Bauwerk über dem Wasser der Gera, die hier Breitstrom heißt, verbindet den Benediktsplatz mit dem Wenigemarkt. Erstgenannter, an dem auch die Touristinformation zu finden ist, zeichnet sich unter anderem durch zwei bemerkenswerte, hohe Fachwerkhäuser aus. Dass sich in der vorgesetzten Glasfassade eines modernen Cafés die historischen Bauten des Platzes widerspiegeln, hat etwas Versöhnendes.

Die 1110 genannte und dem heiligen Benedikt geweihte Brückenkirche wurde 1810

Fachwerkhäuser am Benediktsplatz

Barockes Steinhaus an der Krämerbrücke

abgebrochen. Dagegen bewahrt die zum Wenigemarkt hin gelegene wehrhafte Ägidienkirche noch das mittelalterliche Bild. 1325 war diese ehemalige Kaufmanns- und Brückenkirche vollendet. Nach der Reformation fand hier kein Gottesdienst mehr statt. Die Räume dienten als Lager, als Herberge und Wohnhaus, das allmählich verfiel. Nach dem Zweiten Weltkrieg wurde es restauriert und 1960 als Kirche St. Aegidii der evangelisch-methodistischen Kirche neu geweiht. Der sakrale Raum befindet sich im ersten Stock, der Altar im Erker.

Vom Kirchraum erfolgt der Zugang zum Turm. 128 Stufen sind zu bewältigen und der Aufstieg lässt auch den Geübtesten außer Atem kommen. Die Anstrengung wird jedoch durch einen einzigartigen Rund- und Fernblick belohnt! Wer die Dachlandschaft der Krämerbrücke und die Landeshauptstadt von diesem Platz aus einmal gesehen hat, der behält Erfurt immer im Kopf. Und wer auf dem Turm Ohrenzeuge des Abendläutens der noch immer zahlreichen Kirchen geworden ist, der steigt nur ungern wieder die 128 Stufen hinab.

Wie in alten Zeiten, so wird auch heute auf der Krämerbrücke gehandelt. Reizvolle Lädchen, Galerien und Werkstätten reihen sich aneinander, dazwischen das Haus der Stiftungen. Während des Mittelalters standen 62 Häuser auf der Brücke. Die waren freilich so schmal, dass man bestrebt war, das Häuschen des Nachbarn mit zu übernehmen und beide Gebäude zu vereinen.

Sehenswert ist auch das „Café Roter Turm". Zusammen mit dem mittelalterlichen Gotteshaus und dem Turm bildete das um 1460 erbaute Haus den Brückenkopf zum Wenigemarkt. Eine Bohlenstube im ersten Obergeschoss und die stattlichen Gewölbe und Balken darunter lassen Mittelalter-Phantasien aufkommen. Zu empfehlen ist der Gang „um die Ecke". Nach wenigen Schritten steht man am Wasser und hat die eindrucksvolle Nordseite der Krämerbrücke im Blick. Während der warmen Jahreszeit und vor allem natürlich zum Krämerbrückenfest herrscht hier ein buntes Treiben.

Ein Stück weiter befindet sich an der Horngasse das Alte Hospital. An einem mittelalterlichen Mauerrest sind fünf Relieftafeln zur Erfurter Geschichte angebracht. Die letzte und größere Platte zeigt eine Friedenstaube, fröhliche Kinder, Werktätige und zwei Personen im Kosmonautenanzug. Bei der einen wölbt sich unter dem Anzug die Brust, und wer im Osten aufgewachsen ist, weiß sofort, das können nur Juri Gagarin und Valentina Tereschkowa sein, die zuerst im All und dann in der Bezirksstadt Erfurt waren!

Blick in die Krämerbrücke mit ihren reizvollen kleinen Lädchen

Kaisersaal

Das Gebäude in der Futterstraße gibt sich klassizistisch und nobel. Und jeder Erfurter war in seinem Leben zu irgendeinem Anlass schon mal drin. Der Kaisersaal ist der Festsaal der Stadt und erinnert mit seinen umlaufenden Galerien, dem Zierrat und dem Deckengemälde an ein herrschaftliches Theater- und Ballhaus. Dies hatte der Leipziger Ballmeister Sommer auch im Sinn gehabt, als er 1714 nach Erfurt kam. Auf alten Mauern errichtete er ein Universitäts-Ballhaus. Hier wurde Theater gespielt, wurde musiziert, getanzt, gestritten und immer wieder gefeiert.

Kaisersaal in der Futterstraße

Bei der Erstaufführung der Prosafassung seines „Don Carlos" saß der 32jährige Friedrich Schiller am 21. September 1791 im Parkett. Das Weimarer Theater gastierte hier häufig. Als Napoleon 1808 seinen Fürstenkongress veranstaltete, fand das kulturelle Begleitprogramm natürlich in der Futterstraße statt. Vor einem „Parkett von Königen" habe man gespielt, schwärmte François-Joseph Talma von der „Comédie Française". Und weil mit Zar Alexander I. und Napoleon I. auch zwei Kaiser im Saal saßen, hieß das Ballhaus später „Kaisersaal".

Hier traten auch Clara Wieck und Niccolò Paganini auf und hier verabschiedete die deutsche Sozialdemokratie 1891 im Beisein von August Bebel und Wilhelm Liebknecht das von Eduard Bernstein und Karl Kautsky erarbeitete Parteiprogramm, mit dem das „Gothaer Programm" von 1875 ablöst wurde.

Schottenkirche

Es waren Benediktinermönche aus Irland, die Anfang des 12. Jahrhunderts nach Erfurt kamen und hier im Jahre 1136 mit dem Bau eines Klosters begannen. Ihr „Mutterkloster" befand sich in Regensburg. Dort hatte Marianus Scotus die Abtei St. Jacob gegründet, von der die „scoti peregrini" auch in die deutschen Lande ausschwärmten.

Zugleich mit dem Kloster St. Jacobus wuchs auch die Klosterkirche empor, die der Thüringer Graf Walter von Gleisberg gestiftet hatte. Gut sechzig Jahre später war das Werk vollendet, und die Kirche wurde geweiht.

In der Folgezeit gab es Brände, es gab Um- und Erweiterungsbauten. Von 1512 stammt der hoch aufragende, markante Kirchturm mit der in der deutschen Renaissance verbreiteten Welschen Haube. 1518 wurde das Kloster von schottischen Mönchen übernommen. Sie betätigten sich auch als Lehrer an der hiesigen Universität. Zwischen 1711 und 1729 erhielt die Westfront der Kirche, die von 1744 an auch der Nikolaigemeinde als Gotteshaus diente, ihr barockes Aussehen. 1820 wurde das Kloster aufgelöst und zur Gewinnung von Baumaterial abgerissen. Die Kirche blieb davon unberührt.

Ihr Kirchturm war des jungen Johann Hieronymus Schröters liebster Platz. Hier führte er seine ersten Himmelsbeobachtungen mit einem Fernrohr durch. 1745 in Erfurt geboren und früh verwaist, studierte Schröter zunächst in seiner Heimatstadt Theologie, ehe er dann zum Jurastudium nach Göttingen wechselte. Er wurde Beamter und später in den Ort Lilienthal bei Bremen versetzt. Dort errichtete er eine Sternwarte, die mit dem größten Teleskop ausgestattet war, das zu jener Zeit in Europa existierte. Schröter, der 1816 starb, gehört zu den namhaftesten Astronomen seiner Epoche. Nach ihm wurden ein Krater und das Schrötertal auf dem Mond benannt. Und auch der Asteroid 3 707 trägt seinen Namen.

Zum Inventar der Schottenkirche, die von Mai bis September sonnabends zwischen 10 und 13 Uhr besichtigt werden kann, gehören eine spätgotische Madonna und ein Schmerzensmann. Noch gut zu erkennen sind die Strukturen der romanischen Basilika. Die Kirche, die etwas versteckt liegt, ist der zweitälteste Sakralbau der Stadt.

Turm der Schottenkirche

Portal vom Haus „Zum Stockfisch"

Haus zum Stockfisch

Die beiden Männerköpfe in den Portalecken reißen ihre Rachen auf, als schrieen sie nach Bier. Kein Wunder, schenkte hier doch die Witwe Margarethe Milwitz einst Gerstensaft aus. Am Brautag, steckte sie den beiden Kerlen ein Büschel Stroh in den Mund. Da wusste jeder Bescheid. Das reich gegliederte Fachwerkhaus „Zum Mohrenkopf" (Johannesstraße 168) harrt noch seiner „Wiedererweckung". Es wurde 1607 erbaut.

Im gleichen Jahr entstand auch das benachbarte „Haus zum Stockfisch" (Nr. 169) Hier wohnte der Waidhändler Ziegler, der gleichfalls das Braurecht besaß. Das im Stile der niederländischen Renaissance errichtete Anwesen ruht auf den Kellergewölben zweier Vorgängerbauten und wirkt – nicht zuletzt seiner Größe und der zwei prachtvollen Portale wegen – wie ein Palast. Das eine Portal diente als Einfahrt, das andere als Zugang zum Haus. Es ist mit Säulen und den Familienwappen späterer Hausbesitzer geschmückt. Den Erker zieren das Milwitz- und das Ziegler-Wappen. Unter dem Segensspruch zeigt sich ein vitaler Fisch, ein Dörrfisch ist das aber nicht. Seit 1969 ist das Stadtmuseum in diesem Haus untergebracht. Vor dem großen Erfurt-Modell im Erdgeschoss kann man sich ein Bild machen vom Wachsen und Werden der Stadt, vom Verlauf ihrer Mauern und Gräben, von den Verzweigungen des Flusses Gera, von der Bedeutung der Festungsstadt. Steinerne Zeugen erzählen von Erfurts langem Leben, Reliefs vom ersten Rathausbau.

Die Ausstellung im zweiten Stock ist der Entwicklung zur Industriestadt, der Zeit unterm preußischen Adler, Krieg und Kriegsende und den vier Jahrzehnten DDR gewidmet. Da stehen nicht nur in die Jahre gekommene Sekretärinnen gerührt vor der Ansammlung von Optima- und Robotron-Modellen. Zu bestaunen ist auch Bebels Knotenstock, mit dem er 1891 im Kaisersaal den SPD-Parteitag geleitet haben soll. In der Abteilung „Zerfall und Aufbruch" kann man per Knopfdruck Berichte und Reden hören, auch solche „von fehlenden Damenschlüpfern, Weintrauben und Feiertagen mit Bananen" sowie vom neunundachtziger Herbst.

Stadtbefestigung

Auf alten Stichen, noch besser aber vor dem Modell der mittelalterlichen Stadtanlage im Haus „Zum Stockfisch", kann man sich einen guten Eindruck vom wehrhaften Erfurt verschaffen. Um das Jahr 1066 wurde die innere Stadtmauer mit Gräben, Türmen, Bastionen und Toren vollendet. Die zunehmende Ausdehnung der Stadt verlangte einen zweiten Verteidigungsring. Der Petersberg wurde mit einbezogen, und vor den drei nördlichen Toren, dem Andreas-, dem Moritz- und dem Johannestor, wurden Gräben ausgehoben und Wälle angelegt. 1478 begannen die Arbeiten zum Bau der Cyriaksburg als wichtiger Vorposten im Südwesten. An dieser Stadtbefestigung wurde über die Jahrhunderte hinweg immer wieder gearbeitet, ausgebessert, aufgestockt, erweitert, verstärkt.

Zwischen 1810 und 1840 trennte man sich von den inneren Toren. Bald danach wurde aus der südlichen Wallanlage ein

Bahndamm. Der Reichstagsbeschluss vom Mai 1873 hob dann auch für Erfurt den Festungsstatus auf und die „Entfestung" der Stadt konnte beginnen. Nun wurden die äußeren Stadttore abgerissen, Wehrmauern und Wachttürme niedergelegt.

Eine weitsichtige Entscheidung, von der man bis heute in Erfurt profitiert, war die Umwandlung des alten Wallgrabens in einen die Altstadt umgehenden Flutgraben. Am 14. Oktober 1898 fand die Einweihung statt. Seither schützt er wirkungsvoll vor Hochwasser. Zuvor musste man mit durchschnittlich weit über zwanzig Überflutungen im Jahr rechnen. Der innere Festungsgraben mit der „Wilden Gera" wurde verfüllt. Dort führt der Juri-Gagarin-Ring als innerstädtische Ringstraße entlang.

Gleich an der Einmündung des Gagarin-Ringes in die Johannesstraße erhebt sich inmitten einer Grünanlage ein ansehnlicher Stadtmauerrest. Die Innere Johannesmauer, die hier als ausgewiesenes Denkmal steht, stammt aus dem 11. Jahrhundert und gehörte einmal zum ältesten Verteidigungsring. In dem Zwinger davor befand sich bis zum 19. Jahrhundert der Johannesfriedhof. An der Johannesmauer erinnert eine Tafel an die Barrikadenkämpfer, die am 24. November 1848 vor dem Zeughaus (heute Angermuseum) ihr Leben ließen. Bestattet wurde hier allerdings kein einziger dieser Kämpfer, dafür drei Soldaten in preußischem Sold.

Zwei weitere sehenswerte Stadtmauerreste haben sich am Flutgraben in der Nähe der Franckestraße und am Brühler Garten erhalten. Als man in diesem Bereich um 1480 einen zweiten Mauerring baute, wurde der zwischen dem inneren Brühler Tor und dem Rosswehr gelegene Zwinger in einen Friedhof umgewandelt, der später Erfurts erster öffentlicher Friedhof war. Auch zum Domplatz hin und um den Domberg herum finden sich Reste der alten Befestigung.

Den stärksten Eindruck hinterlassen aber die zum Schutz der Stadt errichteten Verteidigungsanlagen der Cyriaksburg und die gegen die Stadt gerichteten Bastionen auf dem Petersberg. Ein Spaziergang durch die Lauentorstraße führt an der eindrucksvoll aufragenden Festungsmauer entlang. Die Straße wurde 1921 über den Petersberg gelegt. Zuvor musste der Durchstich der 1668 erbauten Bastion Martin vorgenommen werden. Die ist seitdem von der Kernfestung getrennt und kann bestiegen werden.

Kirchtürme

Beim Durchstreifen der Altstadt wird man immer wieder verblüfft vor intakten Kirchtürmen verharren, denen ihr Gotteshaus abhanden gekommen ist. Zumeist stehen diese Türme nicht einsam und hilflos herum, sodass man sie bedauern müsste. Manchmal lehnen sie sich an ein anderes, nachträglich errichtetes Gebäude an oder – je nach Blickwinkel und Empfinden – selbiges an sie. Oft sind diese „Turm-Waisen" schon so sehr in die Straßenzeile eingebunden, dass man mit geschichtssicheren Passanten fast in Streit gerät, wenn sie behaupten, diese Bauten seien Kirchtürme!

Der **Bartholomäusturm** am Anger ist solch ein Beispiel für gelungene Integration. Völlig in die Häuserzeile einbezogen, macht er zudem mehrmals täglich mit einem „weltlichen" Glockenspiel auf sich aufmerksam.

Die Bartholomäuskirche, 1182 erstmals erwähnt, war die Hauskirche der Grafen von Gleichen, die vis-à-vis ihre Stadtwohnung hatten. Die Kirche wurde 1571 nach einem Brand geschlossen und später abgebrochen. Von 1591 bis 1945 diente der Turm der Barfüßergemeinde als Glockenturm. Während des Artilleriebeschusses im April 1945 brannte das Dach ab und der Turm endete mit der gotischen Brüstung. Erst 1992 bekam er eine neue Spitze. Das Epitaph für Johannes Selbach stellt eine Ölbergszene aus vorreformatorischer Zeit dar und dürfte von dem später überbauten Friedhof stammen.

An den **Johanneskirchturm** in der Johannesstraße schließen sich gleich an zwei Seiten Wohnbauten an. Es gibt sogar ein Restaurant mit Café! Die Johanneskirche, 1217 erstmals erwähnt und in gotischer Zeit erweitert, wurde 1525 geschlossen und 1819 abgetragen. Doch auch ohne seine Kirche strahlt dieser Turm genügend Selbstbewusstsein aus. Kein Wunder, wenn man so hoch ist und nach vier Seiten die Zeit anzeigt, wenn man einen Brüstungsabschluss, gotische Spitztürmchen und einen Turmhelm besitzt und wenn man darüber hinaus auch noch der Kirche des evangelischen Augustinerklosters als Glockenturm dient!

Als solcher hätte sich der **Nikolaikirchturm** in der Augustinerstraße auch ganz gut gemacht, zumal der sogar noch ein Stück näher am Kloster dran ist. Seine Kirche muss man sich als Tor- und Brückenkirche vorstellen, vergleichbar mit der am Wenigemarkt. 1744 war sie so hinfällig geworden, dass sich die Gemeinde mit den Katholiken der Schottenkirche arrangierte. Die Kirche wurde später abgerissen. Im 51 Meter hohen Turm aus dem 14. Jahrhundert wohnte der letzte Türmer der Stadt. Das Stifterrelief mit Kreuzigungsszene stammt von 1360. Es nimmt Bezug auf die Elisabethkapelle im Untergeschoss des Turmes.

Das Andreasviertel kennt nur einen „Waisen": den **Georgsturm** in der Georgsgasse. Die dazugehörige Kirche, 1132 gestiftet, wurde nach der Reformation nicht mehr benötigt und geschlossen. Zur Gewinnung von Baumaterialien riss man sie später ab. Der Turm stammt von 1380. Fischblasen, der Bauschmuck der Spätgotik, sind an ihm noch sehr schön zu sehen.

Am jährlich stattfindenden Tag des „Offenen Denkmals" herrscht vor dem ansonsten geschlossenen **Paulsturm** stets großer Andrang. Dieser viergeschossige Riese, an dem ein halbes Haus mit dem „Café Paul" klebt, macht bewusst, wie stattlich die verschwundene Kirche gewesen sein muss, die sich in unmittelbarer Nachbarschaft und Konkurrenz zur großen Prediger- und zur noch größeren Barfüßerkirche befand. Beim Stadtbrand von 1736 brannte die Paulskirche aus und wurde 1759 abgerissen. Der Kirchturm stammt von 1465, das vierte Geschoss mit den rundbogigen Schallöffnungen kam 1737 dazu. Dass man die Glocken im Turm der verwaisten Paulskirche für die Predigerkirche läuten lässt, ist typisch für die Erfurter und einfach ein schöner Zug.

Turm der Paulskirche

Das Große Hospital

Selbst notorische Museums-Muffel kommen aus dem Staunen nicht mehr heraus! Das im Herrenhaus des ehemaligen Großen Hospitals untergebrachte „Museum für Thüringer Volkskunde" (Juri-Gagarin-Ring 140) zieht jeden in seinen Bann. „Erfahren – verändern – beharren" lautet das Motto der Dauerausstellung, die das Dorfleben im 19. Jahrhundert lebendig werden lässt. Dabei ist es nicht nur die Fülle origineller Exponate, die den Betrachter fesselt, auch die Art, wie hier Ausstellungsstücke präsentiert und Informationen vermittelt werden, begeistert.

So kann man an „Zeit-Schränke" herantreten, kann Schubladen wie „Überraschungseier" öffnen, in denen Fakten und Dokumente zu bestimmten Ereignissen in einem bestimmten Jahr „hinterlegt" sind. Man kann sich einen Kopfhörer aufsetzen und Ausschnitte aus Briefen, aus Gerichtsakten und Lebensbildern hören, kann Menschen bei der Arbeit oder Auswanderern auf dem Weg ins „Gelobte Land" zusehen.

An einer anderen Stelle erfährt man, wie die früheren Dorfbewohner in ihr Schicksal hineingeboren wurden, einen Partner fanden, miteinander lebten, wie sie arbeiteten und starben. Selbstredend findet man in einem Volkskundemuseum auch das, was man hier zu finden vermutet: Möbel und Hausrat nämlich, Handwerk und Trachten. Man bestaunt die Arbeit von Glasbläsern, von Färbern und Küfern und vom Maskenmacher den Kopf eines lachenden Schweins, und man ahnt, dass diese Thüringer ein heiteres Völkchen sein müssen: gemütvoll und voller Witz.

Das zweigeschossige Herrenhaus, in dem sich schon 1899 ein Museum befand, wurde um 1540 als Steinhaus errichtet. Es schließt den rechteckigen Innenhof des Großen Hospitals nach Norden hin ab. 1385 war das Hospital St. Martin von seinem alten Standort am Fischmarkt vor das Krämpfertor gezogen, wo man die vorbeifließende Gera hatte, niemanden störte und großzügig bauen konnte. Mit den ersten Gebäuden wuchs auch die Spitalkirche „Zum Heiligen Geist" empor. Sie ist damit die älteste noch existierende Hospitalkirche der Stadt. Das neue Hospital wurde schon bald das „Große Hospital" genannt, und dass seine Kirche den gleichen päpstlichen Ablass wie St. Markus zu Venedig erhielt, unterstreicht die Wertschätzung, die gerade dieses reiche Erfurter Hospital genoss.

Ehemaliges Großes Hospital

Augustinerkloster

Der romantischste Weg zur Augustinerkirche führt an der Klostermauer entlang und durch die enge Kirchgasse. Die ähnelt einer zusammengelegten schmalen Hose mit leichtem Knick im Knie, was dem Gässchen zu der volkstümlichen Bezeichnung „Hosengasse" verhalf.

Der 21-jährige Martin Luther betrat das Augustiner-Eremitenkloster am 17. Juli 1505 von der Comthurgasse her. Ein Jahr später legte er das Mönchsgelübde ab. Dabei lag Luther auf der vor dem Altar eingelassenen Grabplatte für Johannes Zacharias. Der 1427 verstorbene Prior hatte als Theologieprofessor nach Kräften mitgeholfen, den böhmischen Reformator Jan Hus (deutsch: die Gans) in Konstanz auf den Scheiterhaufen zu bringen und ging dafür als die „Hus-Geißel" in die Geschichte ein. Sein Ende vor Augen hatte Hus prophezeit, dass bald ein „Schwan" kommen und sein Werk fortsetzen werde. Und der lag mit dem späteren Reformator Luther im September 1506 gewissermaßen schon auf des Priors „Brust"!

Der Orden der Augustiner-Eremiten war 1256 gegründet worden. Zehn Jahre später trafen bereits die ersten Mönche in Erfurt ein. Von der Bürgerschaft seinerzeit vertrieben, unternahmen sie 1276 einen neuerlichen Versuch. Und diesmal klappte es. Sie gründeten ein Kloster und begannen mit dem Errichten ihrer Kirche. Die war gut fünfzig Jahre später als dreischiffige Basilika und gemäß den Vorschriften der Bettelorden vollendet.

Da der Bau in verhältnismäßig kurzer Zeit fertiggestellt war, kamen andere Einflüsse nicht zum Tragen. Die Basilika war schlicht, turmlos und nur mit einer hölzernen Spitztonne überspannt. Der Glockenturm wurde erst 1434 hinzugefügt. In der Folgezeit entstanden innerhalb der Klostermauern noch weitere Gebäude, so im Jahre 1482 zwei stattliche Waidhäuser. Von 1504 bis 1516 baute man auch eine zweigeschossige Bibliothek für die Sammlung des Propstes Laurentius Grimme von St. Severi. Es war

Kirchgasse am Augustinerkloster

der letzte Neubau in der Geschichte des katholischen Augustinerklosters.

Mit der Reformation wurde die Kirche evangelisch. Die Waidhäuser wurden für schulische Zwecke umgebaut. 1561 zog das Evangelische Ratsgymnasium in das ehemalige Augustiner-Eremiten-Kloster ein und blieb hier bis zum Jahre 1820. Im malerischen Renaissancehof, außerhalb der Klausur, liegen der Waisenhausflügel von 1669 mit vorgelagertem Laubengang und Uhrentürmchen sowie das Hospiz, einer der ältesten Profanbauten der Stadt.

Von 1840 bis 1846 wurden nach Plänen von Karl Friedrich Schinkel vor allem am Westflügel des Klosters größere Umbauten vorgenommen. Weitere folgten wenig später. Für 1850 war nämlich das Unionsparlament nach Erfurt eingeladen worden. Auf der Suche nach einem würdigen Tagungsort entschied sich der preußische König für die Augustinerkirche. Die war seit 1844 wegen Baufälligkeit geschlossen und wurde nun per königlicher Order und auf Kosten des Staates um- und ausgebaut und rasch auf Vordermann gebracht. Da man die Längsausrichtung zugunsten einer vom Mittelschiff ausgehenden Querausrichtung aufgab, entstand ein passabler Tagungsraum für die Parlamentarier. Die Beratungen, wie man zu einem geeinten Deutschland kommen und welchen Part ein König dabei übernehmen könne, dauerten fünf Wochen. Zu einem brauchbaren Ergebnis kam man jedoch nicht. Das Parlament wurde aufgelöst. Nach dem „Rückbau" und der Ausgestaltung der Kirche wurde Sankt Augustin 1854 neu geweiht.

Bei der Restaurierung im Jahr 1936 konnten manche „Bau-Sünden" der Vergangenheit wieder rückgängig gemacht werden. 1945 fielen zwei englische Luftminen auf das Kloster. 267 Menschen, die im gotischen Kellergewölbe der Bibliothek Schutz gesucht hatten, kamen dabei ums Leben. Zerstört wurden auch die zur Comthurgasse hin gelegenen Waidhäuser von 1482.

Während der für das kirchliche Leben schwierigen DDR-Jahre gab es im Kloster ein evangelisches Predigerseminar. 1983 sollte der 500. Geburtstag des Reformators weltweit gefeiert werden. Aus diesem Anlass wurden die 1872 ausgebrannte Luther-Zelle und der Schlafsaal der Mönche rekonstruiert. Bereits lange vor der Wende war das Augustinerkloster ein Ort der Ökumene und Treffpunkt für jene, die Veränderungen und Reformen im Lande anmahnten. Im September 1989 stellten sich in der ehemaligen Klosterkirche das Neue Forum und der Demokratische Aufbruch vor. Dass sich im Zeichen des Neubeginns engagierte Bürger ab Dezember 1989 am „Runden Tisch des Bezirkes" im Luthersaal versammelten, war da nur folgerichtig.

Das Evangelische Augustinerkloster ist eine bedeutende Lutherstätte, zugleich aber auch ein beliebtes Tagungs-, Beherbergungs- und Begegnungszentrum. Seit 1996 leben und arbeiten hier Schwestern der evangelischen Communität Casteller Ring. Die Besichtigung des Klosters mit Kreuzgang und Luther-Zelle ist nur während der Führungen möglich. Eine Dauerausstellung widmet sich dem Thema „Bibel-Kloster-Luther". Beim Rundgang kann man auch einen Blick auf die historische Ministerialbibliothek werfen. 1646 begründet, ist sie mit 60 000 Bänden eine der bedeutenden kirchlichen Sammlungen auf deutschem Boden.

2003 wurde der Wiederaufbau der Klosterbibliothek und der zerstörten Waidhäuser beschlossen. Damit gewinnt Luthers Erfurter Kloster, in dem der Regisseur Eric Till 2002 die einzigen Szenen seines international besetzten Filmes „Martin Luther" an einem Originalschauplatz drehte, ein weiteres Stück seiner alten Schönheit, Bedeutung und Größe zurück.

Links: Ruine der ehemaligen Bibliothek im Augustinerkloster

Michaelisstraße

Die Michaelisstraße wird zu Recht mit einer „steinernen Chronik" verglichen. Das historisch wichtigste Gebäude ist das **Collegium maius**, das „Große Kolleg". Nach dem Bombenangriff vom 9. Februar 1945 blieb davon allerdings nur wenig übrig.

Das Kielbogenportal stammt von 1513 und lässt eine Vorstellung von der Größe und der Wirkung des ursprünglichen Bauwerkes aufkommen. Das Erdgeschoss ist noch ein Werk der Gotik, das Stockwerk darüber, um 1550 vollendet, trägt bereits die Handschrift der Renaissance. Im Collegium maius saß der Rektor und lehrten die Professoren der philosophischen Fakultät. Seiner 1392 gegründeten Universität wegen wurde Erfurt auch als das „Bologna des Nordens" bezeichnet. Die ersten deutschen Professoren kamen aus Prag und binnen weniger Jahrzehnte entwickelte sich die Alma mater Erfordiensis zur begehrtesten Hochschule in Deutschland. Auch Luther wusste: „Wer recht studieren will, der gehe nach Erfurt!"

Das galt bis 1816. Da gehörte Erfurt bereits zu Preußen, und in Preußen wollte man keine weitere Universität. 1994 erfolgte die Neugründung. Das war zugleich auch Ansporn, das zerstörte Hauptgebäude wieder aufzubauen. Zu beiden Seiten der Kreuzblume ist jeweils ein Text in den Stein gemeißelt. „Wanderer, was du mit staunenden Augen siehst, ist in Worten gesagt etwas Wunderbares" lautet die Übersetzung des einen. Diese Aussage trifft auch auf andere Gebäude in der Michaelisstraße und auf das Nachbarhaus zu.

Das **„Haus zur großen Arche Noae und Engelsburg"** (Nr. 38) stammt in seiner jetzigen Gestalt von 1568. Der Druckermeister Melchior Sachse, bei dem der „Straßburger Eulenspiegel" und Luthers erste Bibeln gedruckt worden sind, hatte es errichten lassen. In dem Vorgängerbau wohnte eineinhalb Jahrhunderte zuvor mit Amplonius Ratinck der

Kielbogenportal am Collegium maius

zweite Rektor der Universität. Er stiftete der Bildungseinrichtung seine Bibliothek. Diese „Bibliotheca Amplonia" ist eine der bedeutendsten Handschriftensammlungen des Mittelalters. Das Haus gehört inzwischen wieder der Universität, die hier ein „Internationales Begegnungszentrum" unterhält.

Acht Erfurter Familien gründeten um 1183 die **Michaeliskirche**. Die unmittelbare Nachbarschaft zum Collegium maius brachte es mit sich, dass das gotische Gotteshaus zur Universitätskirche erhoben und durch ein Seitenschiff erweitert wurde. St. Michael war die erste evangelische Kirche der Stadt. Ein malerischer, kleiner Hof befindet sich neben der Kirche. Die Grabsteine stammen aus dem 17. bis 19. Jahrhundert.

Die sich zur Straße hin anschließende Dreifaltigkeitskapelle hatte Johann Bonemilch von Laasphe im Jahre 1500 errichten lassen. Bonemilch war mehrfacher Rektor und später auch Bischof. 1507 hatte er den Augustinermönch Martin Luther im Mariendom zum Priester geweiht. Der Figurenschmuck am Erker zeigt neben dem knienden Bonemilch eine Mondsichel-Madonna, nach der man sich gern umdreht.

Die Michaeliskirche, inzwischen wieder Universitätskirche, ist ein wohltuender Ruhepunkt. Sie lädt zu musikalischer Vesper und Besinnung ein, zu Hofkonzerten und mittwochs zu Orgelandachten. Ihre Glocke wurde 1380 gegossen und gilt als die älteste in der Stadt.

Wenn man eine Frau hat, die Anna Schwanflogelin heißt, dann muss man einfach ein Glückspilz sein! Ein solcher war der Waidjunker Ilgen Milwitz ganz offensichtlich. Wie hätte er sonst ein so großzügiges und reich geschmücktes Haus wie das **„Zum Güldenen Krönbacken"** (Nr. 10) errichten und betreiben können! Der rechte Teil des Hauses besticht durch seine Renaissancefassade. Neben dem Familienwappen und dem Jahr der Vollendung hat Milwitz auch Annas Namen vermerkt.

Das Torhaus stammt von 1534, und sobald man in den Hof tritt, der ein vielseitig genutzter „Kulturhof" ist, fühlt man sich Jahrhunderte zurückversetzt. Hier steht die einzige

Eingang der Michaeliskirche

Erdgeschoss des Hauses „Zum Güldenen Krönbacken"

originale Waidscheune der Stadt, und die ist für Ausstellungen wie geschaffen.

Im Mittelalter galt das **Haus „Zum Schwarzen Horn"** (Nr. 48) als „heißer Tipp": Hier druckte Mathes Maler bereits mit griechischen Lettern. Das Geschäft mit der „Schwarzen Kunst" lief gut. Kein Wunder, angesichts dieser Konzentration gelehrter Männer, die ihre Erkenntnisse rasch verbreitet sehen wollten. Auch Luther ließ bei Maler drucken.

1518 erschien die erste Auflage des Rechenbuches „uff der linien" von Adam Ries. Der stand als Rechenmeister (Waagemeister) in Erfurts Diensten und wohnte zuletzt in der Drachengasse. Sein zweites Rechenbüchlein erschien 1522. Für zwei Jahrhunderte wurde es Pflichtlektüre an den Schulen und aus der Redensart „nach Adam Riesens Rechenbuch" wurde das kürzere „nach Adam Riese". An der Fassade erinnert eine Büste an das Rechengenie und an die Erfurter Drucktradition. Adam Ries kam im Alter von 26 Jahren nach Erfurt. Die Bronzeplatte auf dem Fußweg war ein Geschenk zum 500. Geburtstag des Meisters.

Allerheiligenstraße

Wenn man des Nachts in der Allerheiligenstraße einem ins Horn blasenden Nachtwächter, einem Mönch mit übergeworfenem Bettelsack oder einem orientierungslosen Studenten begegnete, man würde sich darüber kaum wundern. Die Allerheiligenstraße ist eine der anheimelndsten Gassen der Altstadt. Nahezu jedes Haus hätte es hier verdient, dass man es eines Blickes würdigt, einen Halt einlegt, um wenigstens den Tafeltext an der Fassade zu studieren.

Im **Haus „Zum güldenen Stern"** (Nr. 11) wurde 1473 der erste Ablassbrief gedruckt. Damit ist Erfurt der älteste deutsche Druckort rechts des Rheins und nördlich der Mainlinie, was vermutlich der engen Verbindung zu Mainz geschuldet ist, wo Johann Gutenberg den Buchdruck erfand.

Als das **Haus „Zum güldenen Sternberg"** (Nr. 8) gebaut wurde, ging dem Besitzer wohl zwischenzeitlich das Geld aus oder er hatte anderes im Kopf. Mit dem 1519 begonnenen Bau war man erst 1537 fertig. Das erklärt den Renaissanceeinfluss am spätgotischen Tor.

Gegenüber beginnt die kurvenintensive schmale Waagegasse, die zu durchfahren dem Wagenlenker einiges abverlangt. Neben hohen Lagerhäusern befindet sich hier auch die **Alte Synagoge**. Nach den Pogromen und der Vertreibung der Juden im Jahre 1349 anders genutzt und verbaut, hat sie, wenn auch stark beschädigt, die Zeiten überdauert. Die ältesten Bauteile stammen aus dem 11. Jahrhundert. Besichtigungen sind derzeit noch nicht möglich.

Von der in der Allerheiligenstraße gelegenen ursprünglichen **Engelsburg** (Nr. 21), die der Mediziner Georg Sturz 1511 erwarb, ist nichts mehr vorhanden. 1952 wurde das Gebäude abgerissen, die Keller wurden später zu einem Studentenklub ausgebaut. Dort und in den Nebenhäusern herrscht heute reges, auch studentisches Leben.

Sturz, der Rektor der Universität war, förderte die Humanisten. Einige wohnten bei ihm und die als Streitschrift gedachten „Dunkelmännerbriefe", an denen auch Ulrich von Hutten, der „Ritter unter den Humanisten", mitgearbeitet hatte, wurden hier verfasst. Der „Humanisten-Erker", der zur Kirchhofsgasse hin liegt, war der Versammlungsraum – zumindest will es die Überlieferung so.

Die „Engelsburg"

Die Große Arche

Das Haus **„Zum Sonneborn"** (Nr. 6) wurde 1546 für einen Waidjunker erbaut. Als man in den Achtzigerjahren des vergangenen Jahrhunderts mit der Sanierung begann, waren nur noch das Renaissanceportal und das ausgemalte Bohlenzimmer darüber zu retten, dazu einige Fachwerkteile und die Scrafittis am Erker. Die stellen die Eitel- und die Gerechtigkeit dar. Während der Bauarbeiten wurde die mittelalterliche Haus-Quelle freigelegt. Das schmiedeeiserne Brunnenhaus darüber schuf der Thüringer Künstler Günther Reichert. Für sein Werk verwendete er alte Materialien und zeitgemäße Formen.

Das ehemalige Waidjunker-Haus ist nur von außen zu besichtigen. Es sei denn, man wollte zum Standesamt. Seit Dezember 1988 wird hier geheiratet. Die beiden verschlungenen Ringe im Erdgeschoss sind eine moderne Zutat zum Hochzeitshaus, und dass sie an einem vergitterten Fenster angebracht sind, hat bislang noch keinen Heiratswilligen verschreckt.

Im **„Waidspeicher"** lassen sie die Puppen tanzen! Und dies mit schöner Regelmäßigkeit und bestem Erfolg. Im Erdgeschoss des gotischen Bauwerks hat das Erfurter Puppentheater sein Domizil und in der Etage darüber „Die Arche", ein 1979 gegründetes Kabarett. An beiden Spielstätten blicken die Zuschauer in das respektable Gebälk eines Waidspeichers. Theater im Waidspeicher. Das dürfte einmalig sein. Weltweit. Und

Haus „Zum Sonneborn"

auch das **Naturkundemuseum** (Nr. 14) ist in einem ehemaligen Waidjunkerhof aus dem Jahre 1577 untergebracht.

Die Waidhäuser mit ihren hohen, gaupenbesetzten Dächern wurden zum Lagern und Aufbereiten der „Waidballen" benötigt. War die Erntezeit heran, wurden die Blätter in Waidmühlen zerquetscht. Frauen und Kinder formten dann faustgroße Bälle (Ballen), die getrocknet und an die Waidjunker verkauft wurden, denn nur diese besaßen in der Stadt das Privileg zur Weiterverarbeitung. Mit Beginn der kalten Jahreszeit wurde der eingelagerte Ballenwaid von Waidknechten zerstoßen, über Wochen hinweg mit einem Gemisch aus Urin und Wasser getränkt und zur Gärung gebracht. In diesen Zeiten stank der Reichtum in den Waid-Vierteln regelrecht gen Himmel! Es wäre also durchaus denkbar, dass das mittelalterliche Erfurt an einigen Wortschöpfungen nicht ganz unbeteiligt war. Ein erfolgreicher Waidhändler war eben „stinkreich". Wo mit Waidpulver gefärbt wurde, musste man sich in Geduld üben, denn was da aus dem Kessel kam, war keineswegs blau. Dieser Wandel vollzog sich erst an der Luft. Und das konnte dauern. Wenn man dann ob des Herumstehens und Wartens gerügt wurde, gab es nur eine schlüssige Antwort: „Ich mache blau!"

Domplatz

Vor zwei Jahrhunderten gab es den Domplatz, dessen Existenz nicht nur an Markt- und hohen Feiertagen für den Erfurter von Bedeutung ist, noch nicht. Dafür existierte der „Markt unter den Graden" (den Domstufen), und der war nicht ganz so groß. Der Platz, wie man ihn heute kennt, „verdankt" sein Entstehen den Preußen. Die beschossen am 6. November 1813 die Festung Petersberg und legten dabei auch knapp zweihundert Häuser an der Nordseite des Platzes in Schutt und Asche. Das ältere Pflaster zeigt noch, an welcher Stelle die Bebauung endete und wie der Markt verlief.

Der **Obelisk** aus Wanderslebener Sandstein stand schon auf dem alten Markt. Er erinnert an den Besuch des Mainzer Erzbischofs und Stadtherrn Joseph von Erthal, welcher am 17. Mai 1777 „in höchsteigener Person gegenwärtig in Erfurt" war. „Dem besten Vater des Landes Friedrich Carl Joseph des Heiligen Stuhles zu Mainz Erzbischof ...", beginnt die Widmung.

Was F. C. J. bei seinem Besuch in Erfurt noch so alles gemacht hat, erfährt man freilich nicht. Der Steinmetz jedenfalls hatte danach genug zu tun, und wie der die drei Anfangsbuchstaben der erzbischöflichen Vornamen miteinander verknüpft hat, verdient Respekt!

Der **Minerva-Brunnen** auf der südlichen Platzseite ist ein alter öffentlicher Laufbrunnen. Mehr als fünfzig von diesen für die Trinkwasserversorgung genutzten Brunnenstellen hatte es einmal gegeben. Die barocke Minerva von 1784 ist eine spätere Zutat. Sie gab es auf dem Brunnen zu preußischer Zeit noch nicht.

Das markanteste Gebäude am Domplatz ist das **„Gasthaus Zur Hohen Lilie"** (Nr. 31). Hier zechten 1341 ein aus Braunschweig angereister Herzog und ein Erzbischof aus Bremen miteinander. Der Hinweis auf diese Begegnung adelt das Haus und macht es zu einem der ältesten Gasthäuser Europas. 1538 ließ es der damalige Hausbesitzer Hans Ludolf umbauen. Dabei wirkte er (Fecit haec ipsa domus) nach Kräften am neuen Entwurf mit. Weil Ludolf im Hauptberuf Goldschmied war, erinnert der Umbau auch prompt an einen „in Stein gehauenen Goldschmiedeschrank". Über dem Kämpfer ist das Hauszeichen zu sehen, die Medaillons bilden Christus und Paulus ab. Dieses hohe Haus mit seiner klaren Gliederung und seinem prächtigen Portal behält man einfach im Kopf.

Luther erschien 1522 in seiner Junker-Jörg-Verkleidung im Gasthaus und Gustav Adolf II. von Schweden hatte hier von 1631 bis 1632 sein ständiges Quartier. Im Zweiten Weltkrieg wurden die Nebengebäude zerstört. In den Sechzigerjahren feierte das restaurierte Haus seine gastronomische Auferstehung. Eine Tafel, die inzwischen auch schon „historisch" geworden ist, erinnert daran. Auf dem Wege zur Lilienkeller-Toilette erfährt man: „Die Hohe Lilie wurde 1969 zu Ehren des 20-jährigen Bestehens der DDR als sozialistische Gaststätte übergeben." Und woher man auch kommen mag, jeder wird angesichts dieses Tafel-Textes schmunzelnd an etwas anderes denken können ...

Das Gebäude zur Linken, das **„Haus zur Lamprete"** (Nr. 30) war von 1510 bis zum Jahre 1990 eine Apotheke und ist heute ein Restaurant. Die barocke Stuckdecke im Gastraum erinnert an vergangene Zeitläufte. Auch dieses Erfurter Haus hat eine lange Geschichte und hätte eine Menge zu erzählen.

Südseite des Domplatzes mit dem Haus „Zur Hohen Lilie"

Der Petersberg

Der Legende nach soll es auf dem Petersberg bereits vor der Ankunft des Bonifatius ein Kanonikerstift gegeben haben. Seine Ersterwähnung fällt jedoch erst in das Jahr 1060, als der Mainzer Erzbischof Siegfried I. das Stift in ein Benediktinerkloster umwandeln ließ. Weil Siegfried im Streit zwischen Kaiser und Papst den papsttreuen Gegenkönig Rudolf von Schwaben unterstützte, ließ die Strafexpedition Heinrichs IV. nicht lange auf sich warten. 1080 erschien das kaiserliche Heer vor Erfurt, verwüstete das Kloster und zerstörte die Stadt.

Dreiundzwanzig Jahre später wurde die Peterskirche unter dem Abt Burchard neu errichtet. Als Vorbild diente die Kirche St. Peter und Paul im schwäbischen Hirsau. Von dort war nach dem Beispiel von Cluny in Burgund und dem lothringischen Gorze eine beachtliche Klosterreform auf den Weg gebracht worden, die auch mit Veränderungen am Baukörper einherging. An beiden Orten, in Erfurt wie in Hirsau, war mit derselben Maßeinheit gebaut worden, bei der die Dicke der Mittelschiffsmauern sowie die Breite des Mittelschiffes und der Türme sogar eine millimetergenaue Übereinstimmung aufwiesen. Und noch heute findet man an der Südseite der Kirche die typischen „Hirsauer Nasen" am Würfelkapitel.

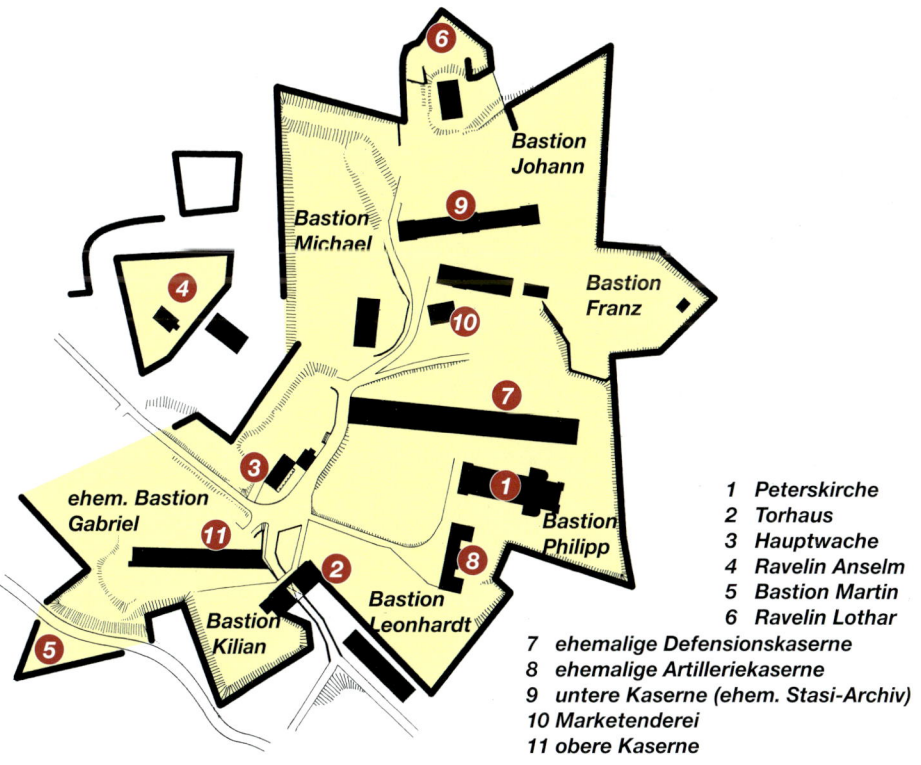

1 Peterskirche
2 Torhaus
3 Hauptwache
4 Ravelin Anselm
5 Bastion Martin
6 Ravelin Lothar
7 ehemalige Defensionskaserne
8 ehemalige Artilleriekaserne
9 untere Kaserne (ehem. Stasi-Archiv)
10 Marketenderei
11 obere Kaserne

Schon während der Bauphase nahmen die Ablässe und Schenkungen für das Peterskloster Ausmaße an, die dem Erzbischof Sorge bereiteten. 1116 enthob er deshalb den Abt seines Amtes, weil es sich nicht schickte, „dass ein Klosterprälat reicher als ein Bischof sei". Doch das Kloster baute seine herausragende Rolle weiter aus.

1147 wurde die Klosterkirche geweiht. Schon zuvor hatten die Mönche vom Petersberg durchgesetzt, dass sie ihren Prior fortan selbst wählen konnten und nicht von Mainz bestimmen lassen mussten. Von 1193 an trugen die Äbte des Petersklosters sogar die Insignien, die sonst nur den Bischöfen zugestanden wurden. Auf dem Petersberg fanden Reichstage und Synoden statt und das Kloster sah es als Ehre und Aufgabe an, den Kaiser oder König in seinen Mauern zu beherbergen.

Mit der Reformationszeit begann der Stern des Petersklosters zu sinken. Die Bauernkriege und die religiösen Auseinandersetzungen jener Jahre überstand es aber doch relativ unbeschadet. Das klösterliche Leben erfuhr keinerlei Einschränkung.

Durch die Unterwerfung der Stadt durch den Mainzer Kurfürsten und Erzbischof im Jahre 1664 brach eine neue Zeit für die frommen Brüder auf dem Petersberg an. Johann Philipp von Schönborn war nämlich die strategische Bedeutung dieses Ortes bewusst geworden: Er wollte – Kloster her, Kloster hin – eine Zitadelle an dieser Stelle errichtet sehen, ein Bollwerk, von dem man die aufmüpfigen Erfurter bei Bedarf gut in Schach halten und den äußeren Feind rechtzeitig entdecken konnte. Berühmte Festungsbaumeister wurden in Dienst genommen. Antonio Petrini favori-

Haupteingang der Zitadelle

sierte die neu-italienische Bauweise. Eine sternförmige Anlage mit mächtigen Bastionen, mit Verbindungswällen, mit Zugbrücke, mit Gräben und Ravelins genannten Wallschildern entstand, mit Kasernen, einem Kommandantenhaus und dem löwenreichen, repräsentativen Peterstor.

1704 war das Festungswerk im Wesentlichen vollendet. Unter dem Baumeister Maximilian von Welsch erfolgten später weitere Neuerungen. Dann gingen den Mainzern die Mittel aus. Die Anlagen, die auch das Petersklosters umschlossen, wurden nur noch notdürftig geflickt. Einmal stürzten sogar Teile der Bastion Philipp samt der Corpus-Christi-Kapelle in den Graben, ein andermal brannten Pulverturm und Munitionslabor.

1802 fiel Erfurt an Preußen; 1803 wurde das Kloster säkularisiert. Von 1806 bis 1814 genoss eine französisch parlierende Festungsbesatzung den prächtigen Ausblick auf die Stadt. Nach dem Sieg über Napoleon kehrten die Preußen auf den Berg zurück. Der Petersberg wurde jetzt zu einer „Festung Erster Ordnung" ausgebaut. Die beim Beschuss am 6. November 1813 zerstörten Klosteranlagen wurden entfernt. An ihrer Stelle entstand eine Defensionskaserne, eine „Festung in der Festung" also, 166 Meter lang, mit einschlagsicherem Schutzdach und mancherlei Raffinessen. Hierhin konnte sich die Besatzung zurückziehen, wenn gar nichts mehr ging. Und selbst wenn es dem Feind gelungen wäre, in die Defensionskaserne einzudringen, am Ziel wäre er damit noch lange nicht gewesen, denn jeder Korridor, jeder Raum musste einzeln „erobert" werden.

Dem Ausbau fiel auch die Klosterkirche

Romanische Peterskirche

zum Opfer. Ihre beim preußischen Beschuss von 1813 ramponierten Türme wurden abgetragen und die Kirche bis auf die Höhe der Seitenschiffe zurückgebaut. Das einst prachtvolle und geräumige Gotteshaus diente dem Militär fortan als Kornspeicher. Zwischenböden wurden eingezogen und Fenster in die Mauern gebrochen. Zweitausend Soldaten, heißt es, hätten mit den hier gelagerten Vorräten ein halbes Jahr versorgt werden können.

Erst mit der Reichsgründung 1871 erübrigte sich die Festung, da es nun andere Grenzen zu schützen galt. Man begann mit dem Abbruch der Festungsanlagen. Ein Militärstandort blieb der Berg aber dennoch. In der Weimarer Republik fand eine „Entmilitarisierung" statt. Während des Dritten Reiches hielt wieder das Militär auf dem Petersberg Einzug. Ein Gau-Forum wurde geplant und zum Tode verurteilte Wehrmachtsangehörige wurden hier erschossen.

Nach dem Zweiten Weltkrieg waren dann ein Vorauskommando der Kasernierten Volkspolizei und die Nationale Volksarmee auf dem Berg stationiert. Eine Polizeischule folgte und in das ehemalige Kommandantenhaus zogen später die Pioniere ein. Andere Gebäude, so die ehemalige Klosterkirche, blieben Lager oder wurden anderweitig genutzt.

Walter Ulbricht, den Erfurts Reichtum an Kirchen ärgerte, wollte auf dem Petersberg eine neue Stadtdominante errichtet sehen, ein Hotelhochhaus, das den Dom und die Türme von St. Severi überragen sollte. Doch die Pläne dafür blieben zum Glück unausgeführt. 1978 wurde der Petersberg auf die zentrale Denkmalliste der DDR gesetzt, was erste Sanierungsversuche bewirkte. 1990 wurde die „Bauhütte Petersberg" gegründet. Sie begann umgehend mit der Sicherung, der Sanierung und Rekonstruktion der Zitadelle. Ein einzigartiges Denkmal europäischer Festungsbaukunst konnte somit gerettet werden!

Im ehemaligen Kommandantenhaus ist ein Museum untergebracht. Das vermittelt einen Einblick in die Geschichte der Zitadelle und in den Soldatenalltag. Auf dem Plateau befindet sich die Petersberg-Information. Hier werden auch Führungen ins Innere der Festung und durch die Horchgänge der Bastionen angeboten, was man sich keinesfalls entgehen lassen sollte!

Aufmerksamkeit verdient die wie ein Torso wirkende ehemalige Klosterkirche. Man sollte sie umrunden, um eine Vorstellung von ihrer Größe zu gewinnen. Dabei wird man eine Menge Details entdecken, so das spitzbogige Kreuzigungsrelief von 1370 an der Südwand, auf dem der an eine Astgabel geschlagene Christus, Maria und Johannes sowie Petrus, der Schutzheilige von Kirche und Kloster, dargestellt sind, oder die über vier Steinblöcke verteilte Ritzzeichnung des Gekreuzigten am Südostturm.

Ein heller Dreiklang ertönt beim Betreten der Kirche. Seit 1993 dient das Untergeschoss dem Erfurter „Forum Konkrete Kunst" als Ausstellungsraum. Eine Weile hin und her gelaufen, auf und ab gegangen und dann über eine Treppe im „chorus major" ins Obergeschoss hinaufgestiegen, bekommt man ein Gefühl für diesen gewaltigen Raum. Die 75 Meter lange Basilika war einst der größte Sakralbau im Thüringer Land. Im Vorraum steht ein Modell, das den gesamten Klosterkomplex abbildet und eine Ahnung aufkommen lässt, wie gewaltig diese Anlage gewesen sein muss.

Wenn man nach dem Besuch der „Ausstellungskirche" wieder hinaustritt, hat man für den Festungsberg einen ganz anderen Blick. Und wenn man danach an der Mauerkrone entlangwandert und von der „Bastion Philipp" oder der „Bastion Leonard" hinüber zu St. Severi, zum Dom und auf die Stadt schaut, wird einem klar, dass man noch längst nicht am Ende ist mit dieser Stadt Erfurt und dass man wiederkommen wird – schon bald.

„ega" und Cyriaksburg

Erfurt ist eine Blumenstadt! Und das nicht erst seit fünfzig Jahren! Weshalb das so ist und wie es kommt, dass man die Stadt als den „Garten Thüringens" bezeichnet, muss jeder selbst herausfinden. Am besten auf dem Gelände der „ega" und im Deutschen Gartenbaumuseum Erfurt, das sich auf dem Areal der Cyriaksburg und in einer ehemaligen Defensionskaserne befindet.

Die auf einem Hügel und vor den Toren der Stadt gelegene Erfurter Gartenbauausstellung („ega") geht auf die „iga" zurück, die 1961 als „Internationale Gartenbauausstellung sozialistischer Länder" ihre Pforten geöffnet hatte. In jährlichem Wechsel fanden hier sowohl die Gartenbauausstellungen der DDR als auch die internationalen Präsentationen statt. Und schon damals gab es das „große Blumenbeet", das die Besucher auch heute begeistert und das mit 6000 Quadratmetern Fläche das größte ornamental gestaltete Blumenbeet Europas, wenn nicht gar der Welt ist!

Auf der Wanderung durch das denkmalgeschützte Gelände erlebt der Besucher das Zusammenspiel von Kunst und Natur. Zu den Außenanlagen gehören unter anderem ein Rosen- und ein Gräsergarten, aber auch Beispiele für fernöstliche Gartenarchitektur. Weitere Anziehungspunkte sind die ganzjährig geöffneten Schauhäuser, in denen man in die Welt der Orchideen und Kakteen, der Tropen und Schmetterlinge entführt wird. Die beiden Leguane im Tropenhaus heißen Eddi und Lisa, die Schamblume aus Java Aeschunathus radicam. Und mit etwas Glück wird man im Schmetterlinghaus, wo rund dreihundert Falter herumschwirren, gerade Zeuge einer Geburt.

Einer „Geburt" ganz anderer Art hätten die Nonnen des Cyriaksklosters im Jahre 1480 beinahe beiwohnen können. Da begann der Mainzer Erzbischof nämlich mit dem Bau eines Kastells, das die städtische Befestigungsanlage komplettieren sollte. Doch bevor die Arbeitskolonnen anrückten, holte

„ega" – Die Erfurter Gartenbauausstellung

Adalbert I. die Nonnen vom Berg. Im 19. Jahrhundert bauten die Preußen die Burg zur Zitadelle aus. Dazu gehörte auch die Defensionskaserne von 1825, in deren Kellern Proviant, Waffen und Munition gehortet wurden und in die man sich, wie auf den Petersberg, in hoffnungsloser Lage zurückziehen konnte.

1961 zog anlässlich der 1. Internationalen Gartenausstellung das „Gartenbaumuseum" in den alten Festungsbau ein. In den Neunzigerjahren fand eine grundlegende Sanierung statt. Im Jahre 2000 öffnete das „Deutsche Gartenbaumuseum Erfurt" seine Pforten. Es bietet dem Besucher überraschende Einblicke in die vielfältigen Aspekte des Gartenbaus und der Gartenkunst. Und natürlich erfährt man hier auch jede Menge über die Blumenstadt Erfurt, über den begeisterten Samenzüchter, Gartengeräte-Erfinder und Beförderer des Gemüseanbaus Christian Reichart, über die Puffbohne und den Waid. Über Letzteren kann man nicht genug in Erfahrung bringen. Und die Puffbohne? Die war hier schon im Mittelalter verbreitet und so beliebt, dass kein wirklicher Erfurter ohne ein paar Bohnen in der Tasche das Haus verließ. Vor Puffbohnenfeldern, erzählt man sich, habe er sogar seinen Hut gezogen. Und in einem alten Gärtnerlied heißt es:

Umgebauter Rest der Cyriaksburg

„Nur in Erfurt ist gut wohnen;
aber wisst ihr auch – warum?
Rings um Erfurt blühn Puffbohnen;
unser Stolz und Gaudium.
Fragt in Pommern, fragt in Schwaben,
solche Bohnen sie nicht haben."

Dass es die Puffbohne inzwischen als Plüsch-Maskottchen gibt und ein Erfurter, der sich in der Fremde als solcher zu erkennen gibt, gelegentlich auch als „Erfurter Puffbohne" bezeichnet wird, was natürlich nur anerkennend gemeint ist, bei nachlässiger Sprechweise aber auch wie „Buffbohne" klingen kann – das steht auf einem anderen Blatt.

Das Deutsche Gartenbaumuseum Erfurt befindet sich im östlichen Teil des beliebten Garten- und Freizeitparks, an den sich das Gelände des Mitteldeutschen Rundfunks und des Kinderkanals von ARD und ZDF und daran wiederum das Areal der Messe Erfurt AG anschließen. Vor dem Museum ist eine Waidmühle aufgebaut. Die beiden Türme in der Nähe stammen aus der Zeit, als die Cyriaksburg eine Festung war. Von der Plattform des einen (272 m üNN) hat man einen großartigen Blick auf das „ega"-Gelände, auf die Stadt und das Thüringer Land.

Stadtrundgänge

Erfurts Altstadt ist eine einzige Verlockung! Durch welche Straße man auch geht, in welche Gasse man sich auch ziehen lässt, auf welchem Platz man auch steht, immer wird man etwas Überraschendes entdecken, das man so vielleicht noch nicht gesehen oder an dieser Stelle einfach nicht erwartet hat.

Das Rathaus vorm Bauch

Fischmarkt – Krämerbrücke – Schottenkirche – Johannesstraße – Augustinerkloster – Comthurgasse – Dämmchen – Benediktsplatz

Der Fischmarkt ist ein idealer Ausgangspunkt. Von hier kann man sich in viele Richtungen auf Entdeckertour begeben. Links am Rathaus und am Breiten Herd vorbei, gelangt man zum Benediktsplatz. Rechter Hand befindet sich die Stadtinformation. Man überquert die Krämerbrücke, steigt an deren Ende auf den Turm der Brückenkopfkirche, sieht sich am Wenigemarkt die herrlich hergerichteten Häuser und im Born-Senf-Spezialgeschäft an der Ecke das kleine Senfmuseum an.

Nun ein Stück hinein in die Futterstraße, dabei die Tafeln mit der Hausgeschichte lesen. Linker Hand der abgehenden Schottenstraße folgen, an der Schottenkirche und am Theater „Die Schotte" vorüber bis zur Johannesstraße, die in diesem Bereich noch einige Zuwendung verlangt. Nach links gewandt weiter bis zum alles überragenden Johannesturm, dann in die Augustinerstraße hinein und zum Kloster. Durch das Gelände hindurch auf die Comthurgasse, hier rechts halten und an der Klostermauer entlang bis zum Comthurhof, einem Ordensrittersitz von 1570. An aufwendig sanierten Häusern der Schildgasse und am geteilten Breitstrom vorbei, rechts durch die Hütergasse zum Dämmchen. Das Haus „Zu den kleine Füchsen und roten Hirsch" (Nr.13) ist eine Doppelhausanlage, wie man sie in der Altstadt häufig antrifft. Auf der anderen Seite liegt die sogenannte Armenburse, aus Stiftungen finanzierte Studentenunterkünfte, von denen es in Erfurt einige gab. Der Blick auf die Krämerbrücke ist von hier aus lohnend und ebenso ein Abstecher ins Gasthaus „Zum alten Schwan" in der Gotthardtstraße, wo der von Weimar gekommene Universitätsprofessor Wieland ab 1769 gewohnt hatte.

Vom Dämmchen über die Brücke zum Kreuzsand, um die Studenten-Burse von vorn zu betrachten. Nach links gewandt, gelangt man wieder zum Benediktsplatz, nach der anderen Seite führt der Kreuzsand ins sogenannte „Lateinische Viertel", zur Michaelisstraße also. Auch sie läuft auf den Benediktsplatz zu.

Comthurhof

Das Rathaus im Rücken

Fischmarkt – Marktstraße – Domplatz – Archehof – Kleine Arche – Predigerkirche – Paulsturm – Dominikanerkloster – Museum „Neue Mühle"

Auch in der Marktstraße zwischen Fischmarkt und Domplatz muss man die Augen stets offen halten und den Kopf in den Nacken legen. Das Gasthaus „Zum Güldenen Rade" (Nr. 50) hat im Hof eine Tabaksmühle aus dem 18. Jahrhundert. Wo die Allerheiligenstraße und die Marktstraße zusammenstoßen, steht eine Kirche mit trapezförmigem Grundriss entsprechend der Straßenflucht. Von der katholischen Allerheiligenkirche (1221 begonnen) blickt man links in die Große Arche und auf das ockerfarbene Hochzeitshaus. Die Blumen zum gegebenen Anlass könnte man im Haus „Zum Güldenen Schwanenring" (Nr.38) bestellen. Hier befinden sich Deutschlands ältestes Fleurop-Geschäft und der Stadtsitz der Firma Chrestensen; neben Benary, Haage, Heinemann, Martin und Schmidt einer der traditionsreichen Gartenbaubetriebe der Stadt. In dem Barockhaus „Zum Großen Pflug und Großen Siebenbürgen" (Nr. 21)

Allerheiligenkirche

gegenüber wohnte während des Fürstenkongresses im Herbst 1807 der bayrische König Maximilian. Das Haus vis-à-vis (Nr. 34) gehörte einem gewissen Gottschaeffsky, der vermutlich im Staatsdienst stand, worauf die Krone über dem Portal hindeutet. Die Bierlöcher neben dem Eingang sehen aus wie das Nadelkissen einer Riesin. Bier wird hier nicht mehr gebraut, und Tauben wissen nicht, was man in einem solchen Portalloch auf keinen Fall tut.

Über den Domplatz und die sich nach oben hin verjüngenden Domstufen geht es zum Dom und zu St. Severi. Nach dem Besuch beider Gotteshäuser den Berg rückseitig über

Die Häuser an der Ostseite des Domplatzes

die Treppenanlage zur Domstraße hin verlassen. Durch diese wieder zum Domplatz. Am Haus „Zur Hohen Lilie" vorbei und durch die Mettengasse zum Archehof mit Puppentheater und Kabarett im Waidspeicher. Der Stadtmusikantenbrunnen entstand 1979. Im Hof befinden sich auch das Naturkundemuseum und eine Glasbläserei mit Schauvorführung. Nach wenigen Schritten das Haus „Zum Sonneborn".

Weiter über das holprige Pflaster in die Kleine Arche (Arche hießen die Holzkästen, in denen die gefangenen Fische aufbewahrt wurden). Inmitten der Häuserzeile steht die Maria-Magdalena-Kapelle aus dem 13. Jahrhundert, später neogotisch umgebaut. Sie beherbergt seit 2004 das „GalliTheater", ein Theater für Kinder und Erwachsene. Linker Hand durch die Rumpelgasse wieder zum Fischmarkt oder weiter durch die Kleine Arche bis zur Predigerkirche und zum Paulsturm. Von hier ein Stück in die Meister-Eckehart-Straße hinein. Über das Gelände des ehemaligen Dominikanerklosters und des Evangelischen Ratsgymnasiums durch den Predigergarten zur Schlösserstraße. In der Nummer 25 a laden das Technische Museum „Neue Mühle" zur Besichtigung und ein Café zum Ausspannen ein. An historischem Standort treibt das Wasser des Breitstroms das unterschlächtige Wasserrad an und es ist so, als sei der Müller grad mal eben vors Haus gegangen.

Vom Hirschgarten zur Schlösserbrücke

Anger – St. Wigbert – ehemalige Statthalterei – Hirschgarten – Weimarisches Obergeleithaus – Valentinerhof – Barfüßerkirche – Schlösserstraße

Der Rundgang sollte am traditionsreichen und eindrucksvollen Gebäude Anger 1 beginnen. Es wurde von den Architekten Albert und Ernst Giese im Stile des Nachjugendstils erbaut und 1908 als Kaufhaus „Römischer

Verwinkelte Gassen an der Arche

Kaiser" eröffnet. In der DDR wurde daraus das „Centrum-Warenhaus", nach der Wende zog hier für einige Jahre „Hertie" ein. Es folgten umfangreiche Ausbau- und Renovierungsarbeiten, um im Herbst 2000 die Wiedereröffnung des alten Warenhauses als Einkaufsgalerie „Anger 1" zu feiern.

Von hier erschließt sich einem Erfurts bekannteste Straße, die historische Flanier- und zugleich Einkaufsmeile ist, am besten. An dem von zwei überlebensgroßen Figuren flankierten Brunnen, gegenüber dem Dacherödenschen Haus, endet der Anger. Auf der einen Seite geht er in die Neuwerkstraße über, auf der anderen in die Regierungsstraße, an deren Anfang die nach 1409 entstandene gotische Pfarrkirche St. Wigbert steht. Im prachtvollsten Gebäude, der ehemaligen Statthalterei, amtiert heute der Ministerpräsident des Freistaates und befindet sich die Staatskanzlei. Es ist lohnend, dieses im alten Glanz erstrahlende

Einkaufsgalerie „Anger 1"

alle hatten freilich einen straßenbaulichen Hintergrund oder waren anderweitig dienstlicher Natur! Neben dem Obergeleithaus beginnt die Markgrafengasse. Wenn man von dieser in die Marstallstraße und dann rechter Hand in die Meister-Eckehart-Straße einbiegt, gewinnt man eine Vorstellung von der Ausdehnung dieses beeindruckenden Amtsbaus. Bevor nun die nach dem Erfurter Mystiker benannte Straße auf die Regierungsstraße trifft, sieht man vor der Wigbertikirche noch den Valentinerhof. Im Zuge der Gegenreformation und nach der Rückkehr des Augustinerordens diente er den Augustinern von 1663 bis 1822 als Kloster.

Um die Wigbertikirche herum geht es nun auf die Ruine der Barfüßerkirche zu, deren Chor dem Angermuseum als Ausstellungsraum für sakrale Kunstwerke des Mittelalters dient. Nach rechts weiter gelangt man zur Schlösserstraße. Am anderen Ufer des Breitstroms wieder das Museum „Neue Mühle" mit seiner noch voll funktionsfähigen Wassermühle. Über das Geländer der Schlösserbrücke gebeugt, blickt man auf eine idyllische Flusslandschaft mit Insel, mit Haussteigen und Bäumen und den bunten Fachwerkhäusern der Krämerbrücke.

Areal zu umwandern. Die Anlage gegenüber wird der „Hirschgarten" genannt, weil der Statthalter Boyneburg im 17. Jahrhundert alle Gebäude hatte niederreißen und einen Tierpark anlegen lassen, damit ihm niemand in die Fenster schauen konnte. Die Baugrube daneben erinnert daran, dass hier in der letzten Jahrhunderthälfte mit viel Stahl und Beton ein „Haus der Kultur" entstehen sollte.

In dem neben der Statthalterei gelegenen Großherzoglich-Weimarischen Obergeleithaus weilte Goethe mehrfach in seiner Eigenschaft als „Verkehrsminister" des Herzogs von Weimar. Eine Tafel erinnert daran, dass der Herr Geheimrat hier gewohnt und (!) gearbeitet hat. Goethekenner konnten 53 Erfurt-Besuche nachweisen, nicht

Einzige noch arbeitende Wassermühle der Stadt

Ausflüge in die Umgebung

An Ausflugszielen hat es in der Umgebung von Erfurt keinen Mangel. Wem nach Natur verlangt, dem sei schon mal der stadtnahe Steigerwald empfohlen, den der Erfurter liebevoll „Steiger" nennt, ein 700 Hektar großes Waldgebiet mit alten Baumbeständen, mit schönen Ausblicken und einem weitläufigen Wegenetz. Die Kulturstätten Gotha, Weimar und Arnstadt sind leicht zu erreichen, ebenso das Burgen-Ensemble die Drei Gleichen, Schloss Molsdorf natürlich und das idyllische Forsthaus im Willrodaer Forst.

Das Forsthaus Willroda

Die Ursprünge dieser Anlage reichen bis ins 11. Jahrhundert zurück. „Will roda!", könnte der Mann ausgerufen haben, als er den nicht enden wollenden urtümlichen Wald gesehen hatte. Mag sein, dass der Axtträger Willem oder Wilbert hieß, weshalb der Flecken später den Namen Wilrode/Willroda erhielt. Seit 1290 Klostergut, wurde Willroda mehrfach zerstört, zuletzt im Sächsischen Bruderkrieg (1446-51). Die Mönche trennten sich von ihrer „Immobilie". Ein Claus Hildebrant, Bürger zu Erfurt, wurde neuer Besitzer und unterzeichnete als „Hildebrant von Willröda". Weil die Gebäude später auch adligen Herren als Jagdsitz dienten, erhoben diese ihre Domäne kurzerhand zum Jagdschloss. Und als hier der städtische Forstaufseher einzog, wurde aus dem Schloss das Forsthaus Willroda.

Dieses historische Kleinod zu erhalten hat sich nun wiederum ein gemeinnütziger Verein auf die Fahne geschrieben. An jedem letzten Sonntag im Monat werden Führungen angeboten. Dabei geht es um Einblicke in die Vergangenheit, den Stand der Rekonstruktion und die Zukunft dieses Baudenkmals. Das Forsthaus ist ein beliebtes Wanderziel und hat einen schönen Rastplatz. Seit einigen Jahren werden hier die „Bäume des Jahres" gepflanzt. Und wer mal einen Namen vergessen hat, dem kann hier geholfen werden!
Kontakt: Telefon (03 61) 6 54 94 91 und (03 61) 2 22 96 15

Die Drei Gleichen

Das Burgen-Trio „Die Drei Gleichen" sieht man schon aus der Ferne. Ein Kugelblitz soll anno 1231 in die nahe beieinander liegenden Burgen eingeschlagen sein und die Türme in Brand gesetzt haben. Drei Bauwerke also und ein Schicksal – so will es zumindest die Sage. Nur eine Anlage trägt von alters her den Namen Burg Gleichen, die anderen heißen Wachsen- und Mühlburg.

Burg Gleichen

„Castellum glicho" nannte man die Burg. Der Name geht vermutlich auf das keltische Wort für „Felsen" zurück. 1088 erlitt Heinrich IV. im Kampf gegen Markgraf Eckbert II. von Meißen, der den revoltierenden Adel anführte, eine empfindliche Schlappe am Fuße des „Glichen". 1162 belehnte der Mainzer Erzbischof die Grafen von Tonna mit der Burg, was die Beschenkten bewog, sich nach ihr zu nennen. Die Grafen von Gleichen gehörten zu den einflussreichsten Adelsgeschlechtern Thüringens und waren als kaiserliche Vögte auch in Erfurt präsent. Einer aus ihrer Mitte, Graf Ernst III., soll die Burg und das Geschlecht derer von Gleichen sogar literaturfähig gemacht haben. Er kam im Orient in Gefangenschaft. Weil sich die Tochter des Sultans in den Thüringer verliebt hatte, wurde die Hinrichtung ausgesetzt. Derweil organisierte Melechsala die Flucht und begleitete den Grafen übers Mittelmeer und bis auf seine Burg. Die Gräfin soll den Mut und die Zuneigung der Jüngeren honoriert und einer Ehe zu dritt zugestimmt haben. Als der Papst seinen Segen erteilt

Ruine der Burg Gleichen

hatte, baute der Tischler das Bett. Im Erfurter Rathaus schmücken sechs Bilder mit den Motiven der Gleichen-Sage den Korridor. Nach einer Bettstatt sucht man darauf jedoch vergeblich.

Die bei der Ortschaft Wandersleben gelegene und deshalb auch als Wanderslebener Gleiche bezeichnete Burg wurde auf einem 365 Meter hohen Kalksteinfelsen errichtet. Nach dem Ableben des letzten Gleichen-Grafen im Jahre 1631 verfiel sie. Ab 1887 versuchte der Thüringer-Wald-Verein die Anlage zu retten. Die Ruine mit ihren noch immer imposanten Resten ist seit 1998 im Besitz der Stiftung Thüringer Schlösser und Gärten und ein beliebtes Ausflugs- und Wanderziel. Im Sommer finden hier Konzerte und ein Mittelalterfest statt. Im Bergfried ist ein Museum untergebracht.

Öffnungszeiten: Jan. bis Febr. Sa-So 9-17 Uhr, April bis Okt. Mo-So 9-18 Uhr, Nov., Dez., März Mo-So 9-17 Uhr
Kontakt: Telefon (03 62 02) 2 20 85

Die Mühlburg

Die Mühlburg ist die „Seniorin" unter den Drei Gleichen und wurde schon im Jahre 704 erwähnt. 1130 trat der Mainzer Erzbischof als Eigentümer in Erscheinung, dann tauchten die Grafen von Mühlburg aus dem Dunkel der Geschichte auf. Einer von ihnen, Meinhard III., reiste als Brautwerber des Thüringer Landgrafen Hermann nach Ungarn und begleitete die für Hermanns Sohn Ludwig bestimmte Elisabeth auf die Wartburg. Da war sie grad mal vier.

Später gehörte die Mühlburg der Stadt Erfurt oder verschiedenen Thüringer Adelsgeschlechtern. Im 18. Jahrhundert ging die Anlage wieder in den Besitz der Mainzer Kurfürsten und Erzbischöfe zurück, verfiel dann aber zusehends. Doch selbst als Ruine war die Burg noch so eindrucksvoll, dass ihr der Schriftsteller Gustav Freytag mit seinem Roman „Nest der Zaunkönige" ein Denkmal setzte. Zu Beginn des vergangenen Jahrhunderts baute der Thüringer-Wald-Verein

den aus dem 13. Jahrhundert stammenden Turm als zinnenbekrönten Aussichtspunkt wieder auf. Nach dem Ersten Weltkrieg bekam die Mühlburg mit dem Konsul Mühlberg aus Dresden noch einmal einen privaten Nutzer. Nach 1945 ging die Anlage in den Besitz der Gemeinde über.
Öffnungszeiten: Ab März wochentags 10-17 Uhr, Fr eingeschränkt, Sa und So 10-18 Uhr, im Winter Anmeldung erwünscht
Auskunft: Kunst- und Kulturscheune e.V. Mühlberg, Telefon (03 62 56) 2 28 46

Die Wachsenburg

Die oberhalb von Holzhausen gelegene Veste Wachsenburg ist die einzige der Drei Gleichen, auf der man sogar schlafen kann. Sie wurde im 10. Jahrhundert als Schutzburg errichtet. Heinrich I. gedachte damit das reichsunmittelbare Kloster Hersfeld zu stärken. Zu den späteren Besitzern der Wachsenburg gehörte auch die Stadt Erfurt. 1441 wurde die Burg an den Raubritter Apel von Vitzthum verpfändet, der die Brandfackel auch nach Erfurt trug. Das hatte die Belagerung und Eroberung der Burg zur Folge. Zweihundert Jahre später wurde auf der Wachsenburg ein Zucht- und Waisenhaus errichtet, dem folgte ein Gefängnis. Aus der Zeit nach 1651 stammt der 97 Meter tiefe Burgbrunnen. Im Brunnenhaus kann man ins Tretrad steigen und Wasser schöpfen, und dieser Anschauungsunterricht begeistert Jung und Alt.

Zwischen 1890 und 1930 wurden wesentliche Umbauten vorgenommen. Dazu gehört auch der Hohenlohe-Turm. Der Hotelbetrieb setzte in den Sechzigerjahren ein. 2001 kauften die langjährigen Pächter die Veste Wachsenburg und verwirklich-

Schloss Molsdorf

ten seither schon so manche gute Idee. Das private Burgmuseum zeigt Kunst und Kunsthandwerk. Es gibt eine Rüstkammer und das nachgestellte Arbeitszimmer von Gustav Freytag, der auf der Burg an seinem Roman „Das Nest der Zaunkönige" schrieb. Im Gedächtniszimmer für den Grafen von Gleichen steht man ergriffen vor dem dreischläfrigen Bett.

Kontakt: Veste Wachsenburg, Holzhausen Telefon (0 36 28) 7 42 40
Öffnungszeiten Burgmuseum: April bis Okt. täglich 11-16 Uhr, Nov. bis März auf Anfrage

Park und Schloss Molsdorf

In kleidsamen Filzpantoffeln rutscht man der Führerin nach, die den Besucher durch das Molsdorfer Schloss geleitet. Das spätbarocke Kleinod, einst als „Thüringisches Versailles" und als das „Thüringer Sanssouci" gepriesen, verdankt seine Schönheit und Berühmtheit dem Diplomaten und Lebemann Gustav Adolph Graf von Gotter. 1692 (ohne Adelstitel) in Gotha geboren, vertrat er später mit großem Geschick die Interessen seines Herzogs am Wiener Hof.

Nach dessen Tod stand er in preußischem Dienst. Doch Karriere her, Karriere hin, auch Diplomaten haben Träume, und der bürgerliche Aufsteiger, den Friedrich der Große später in den Grafenstand erhob, träumte von einem Schloss. 1734 erfüllte sich Gotter diesen Wunsch. Er kaufte das Rittergut Molsdorf und gestaltete die aus dem 16. Jahrhundert stammende Wasserburg zu einem barocken Lustschloss um. Der Garten wurde im französischen Stil angelegt. Als Baumeister konnte Gottfried Heinrich Krone gewonnen werden, der sich bereits mit der Orangerie in Gotha und dem Schloss Bellevue in Weimar einen Namen gemacht hatte. 1738 war der Umbau im Wesentlichen abgeschlossen.

An der zum Park hin gelegenen Schmuckfassade präsentiert sich das Gottersche Wappen. Die Sonnenuhren tragen arabische und römische Ziffern. „Hora rabit diem" (Die Stunde raubt den Tag) steht unter der einen, „Fucaces labuntur anni" (Flüchtig enteilen die Jahre) unter der anderen. Der Hausherr schätzte die Sinnsprüche des Horaz. Ein Kind von Traurigkeit war er aber nicht, und Trübsinn wurde, als er hier Schlossherr war, nie geblasen. „Vive la joie!" (Es lebe die Freude!) war der gängige Gruß auf Schloss Molsdorf. Und diesem Gotterschen Lebensmotto begegnet man hier noch heute in vielerlei Gestalt.

Vom stilvollen Schlosscafé in Parterre blickt man in den Park hinaus. Den kann man jederzeit besuchen, die im Stile des Rokoko gestalteten Innenräume jedoch nur während einer Führung. Dabei erfährt man noch jede Menge Interessantes über die Geschichte des Bauwerks und natürlich auch mancherlei köstliche Anekdoten über den lebenslustigen Reichsgrafen, den die junge Herzogin von Gotha „Tourillon" (Wirbelwind) nannte, der Prunk, Verschwendung und gutes Leben liebte und auf manchem Bild schon ganz schön gichtgeplagt wirkt.

Kontakt: Schloss und Park Molsdorf Telefon (03 62 02) 9 05 05
Öffnungszeiten: Di-So 10-18 Uhr, letzter Einlass 17 Uhr, Führung zur vollen Stunde

Wasserburg Kapellendorf

Wer den Abstecher nach Weimar plant, sollte auch das im Städtedreieck Jena-Weimar-Apolda gelegene Kapellendorf besuchen. Der Ort wurde 833 erstmals erwähnt. Seine Kirche zählt zu den ältesten Gotteshäusern Thüringens, seine nach 1100 durch die Herren von Kirchberg errichtete Rundburg zu den größten und besterhaltenen Anlagen im Thüringer Land. Ihr Ausbau zur Wasserburg erfolgte im 14. Jahrhundert. Da schmückten die Erfurter bereits ihr großes Stadtwappen mit dem von Kapellendorf. 1352 hatte Kaiser Karl IV. Erfurt mit der Burg und einem Teil der Herrschaft Kapellendorf belehnt. Fortan waren die Erfurter auf den Reichstagen vertreten und durften Münzen prägen. 1508 mussten sie ihren Besitz allerdings verpfänden.

Goethe kam gern nach Kapellendorf. Während der Schlacht bei Jena und Auerstedt im Oktober 1806 befand sich das Hauptquartier des Fürsten Hohenlohe-Ingelfingen auf der Burg. Ein Denkmal auf dem 314 Meter hohen Sperlingsberg erinnert an die Niederlage der Preußen. Die Burg misst rund 40 Meter im Durchmesser, ist von einer Ringmauer und einem Graben umgeben und bildet eine vortreffliche Kulisse für Mittelalterspiele, Konzerte und Theateraufführungen. Im Wohnturm widmet sich eine Ausstellung den „Burgen in Thüringen". Eine Besonderheit ist die Kaminküche.

Ganz in der Nähe befindet sich der Gasthof „Fettnapf" (Tel. 03 64 25 / 8140 oder 8145), in dem von Mittwoch bis Sonntag Kabarett geboten wird.

Öffnungszeiten Museum: Di-So 10-12 und 13-17 Uhr, Tel. (03 64 25) 2 24 85

Verkehrsverbindungen

Ein Blick auf die Karte macht's deutlich: Erfurt liegt im Herzen Deutschlands! „In der Mitte der Mitte", sagte Luther.

Wichtige Verbindungen sind: Die Autobahn A 4 Frankfurt/Main-Dresden mit den Abfahrten Erfurt-West, Erfurt-Ost; die A 71 Meiningen-Sömmerda mit den Abfahrten Erfurt-Bindersleben (Flughafen/Messe); die Bundesstraßen B 4 Hamburg-Bamberg; die B 7 von Kassel nach Gera

Mit dem Umbau des Erfurter Bahnhofs zu einem modernen Reisezentrum mit ICE-Anschluss, lässt die thüringische Landeshauptstadt auch im Zugverkehr kaum Wünsche offen.

Der Flughafen Erfurt-Bindersleben ist vom Stadtzentrum her auch mit der Straßenbahn gut zu erreichen. Die Entfernung beträgt nur fünf Kilometer.

Erfurt ist eine Stadt der kurzen Wege. Hat man eine Sehenswürdigkeit betrachtet, steht man nach wenigen Schritten bereits vor der nächsten:. Dank der vorzüglichen Beschilderung geht man hier niemals verloren und gelangt immer ans Ziel. Man sollte die Stadt mit ihren Sehenswürdigkeiten auf bewährte Weise zu Fuß erkunden. Wem das nicht möglich ist, der kann sich auf die öffentlichen Verkehrsmittel verlassen: Sechs Stadtbahnlinien sind täglich unterwegs. Und über den Anger fährt jede von ihnen. Außerdem gibt es über dreißig Buslinien. Mit denen erreicht man auch abgelegenere Gegenden und das eine und das andere Ausflugsziel.

Wer mit dem Auto nach Erfurt kommt, der sei auf die insgesamt neun Parkhäuser hingewiesen, so beispielsweise am Anger, am Hauptbahnhof (durchgehend geöffnet), am Thomaseck und am Thüringenhaus. Das Parkhaus „Domplatz" (vier Ebenen, 480 Plätze) wurde direkt in den Petersberg gebaut und wird vom ADAC empfohlen.

2001 wurde Erfurt Bundessieger im Wettbewerb „Erreichbarkeit von Zentren und Innenstädten". Das Erfurter Parkleitsystem schafft Vertrauen. Es leitet durch Vorwegweiser, durch Wegweiser mit Einzelanzeigen und durch dynamische Tabellenwegweiser, die über freie Stellplätze informieren, jeden Autofahrer schnell an sein Ziel.

Mit den Stadtbahnlinien 1 und 6 gelangt man zur Thüringenhalle, zur Steigerstraße und damit ins Grüne. Der Bus Nr. 60 fährt zum Stausee und zum Thüringer Freilichtmuseum Hohenfeld. Wer ein anderes Ziel anvisiert und bequem dorthin gelangen will, informiere sich im EVAG-Center am Anger.

Service-Telefon: (03 61) 1 94 49

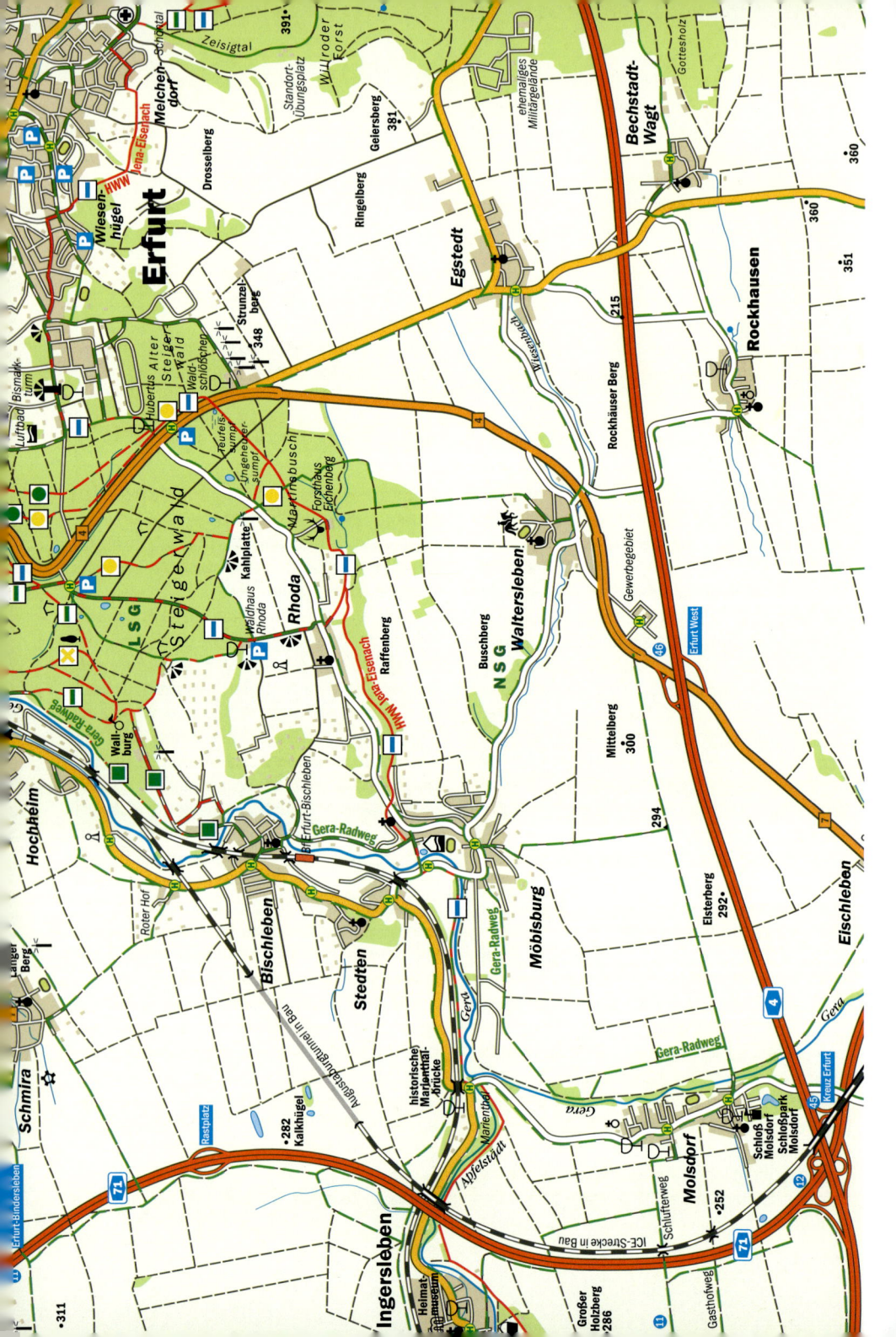

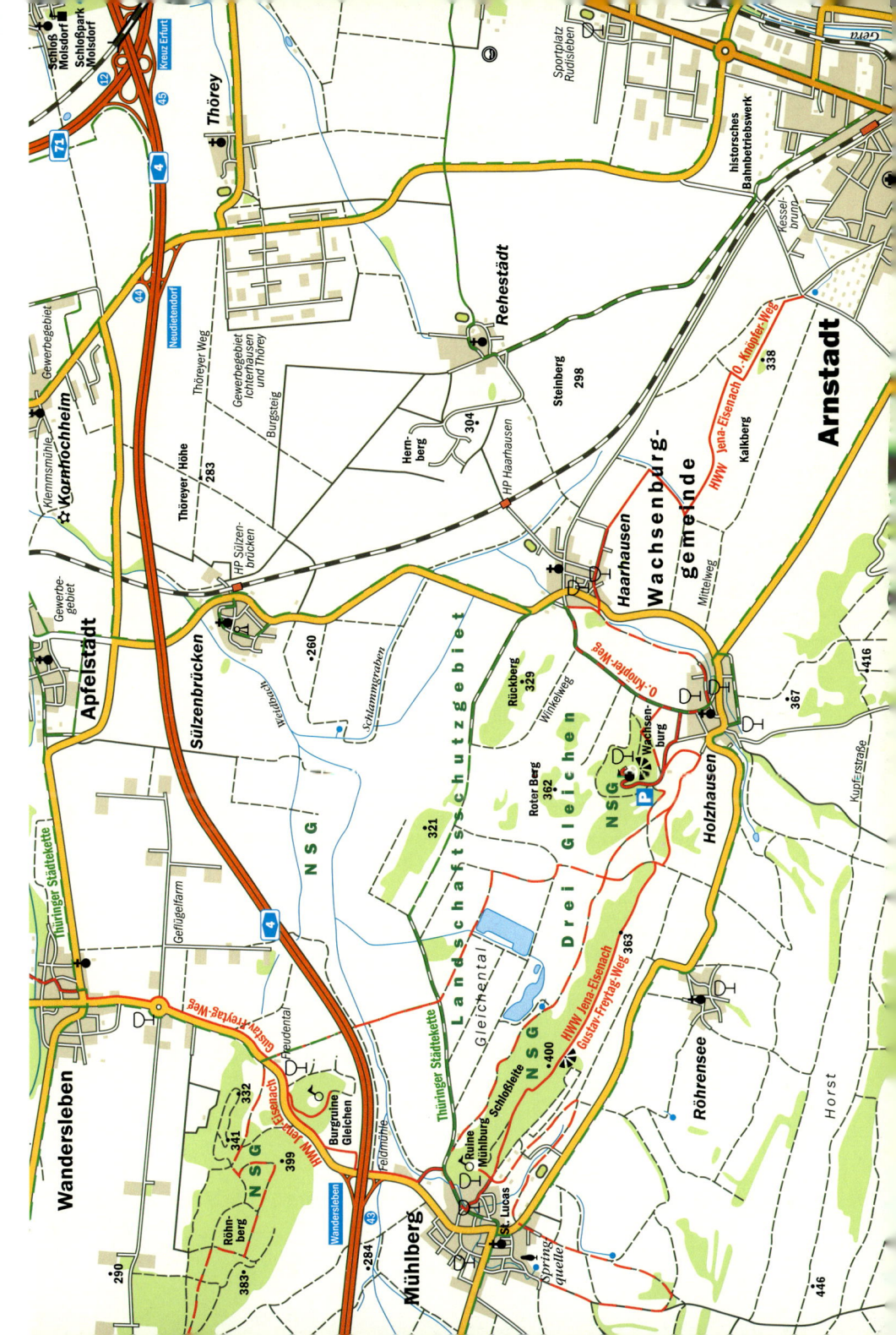

Öffnungszeiten • Adressen • Tipps

Erfurt-Information

Tourismus Gesellschaft Erfurt
Benediktsplatz 1, 99084 Erfurt
www.erfurt-tourist-info-de
Öffnungszeiten:
Januar bis März Mo bis Sa 10-18 Uhr, So 10-16 Uhr, April bis Dezember Mo bis Fr 10-19 Uhr, Sa 10-18 Uhr, So 10-16 Uhr
Touristinformation: Tel. (03 61) 66 40 0
info@erfurt-tourist-info.de
Zimmervermittlung:
Tel. (03 61) 66 40 110
zimmer@erfurt-tourist-info.de
Stadtführungen: Tel. (03 61) 66 40 120
citytour@erfurt-tourist-info.de
Das Angebot an thematischen Stadtführungen und Erlebnistouren ist außergewöhnlich vielfältig: Spaziergang mit Luther, Wanderungen auf den Spuren von Napoleon, von Goethe oder Bach, jüdische Spurensuche, Fahrten mit der historischen Straßenbahn, Fackelführungen durch die Kasematten der Zitadelle, Nachtwächterspaziergänge ...

Petersberg-Information
Öffnungszeiten:
täglich 10-18.30 Uhr, April bis Dezember stündlich Führungen 11.30-17.30 Uhr

Tourist Information Thüringen
Willy-Brandt-Platz 1, 99084 Erfurt
Tel. (03 61) 37 42 0, Fax: 37 42 388
www.thueringen-tourismus.de
service@thueringen-tourismus.de

Museen/Sehenswürdigkeiten

Angermuseum
Anger 18
Tel. (03 61) 55 45 60
Kunstmuseum der Landeshauptstadt
(voraussichtlich bis 2009 geschlossen)

Außenstelle Barfüßerkirche
Barfüßerstraße 20, Tel. (03 61) 55 45 60
Öffnungszeiten: April bis Oktober Di bis So 10-13 und 14-18 Uhr

Begegnungsstätte Kleine Synagoge
An der Stadtmünze 4/5
Tel. (03 61) 6 55 16 60
Öffnungszeiten: Di bis So 11-18 Uhr

Deutsches Gartenbaumuseum Erfurt
Cyriaksburg, Gothaer Straße 50
Tel. (03 61) 22 39 90
Öffnungszeiten: Di bis So 10-18 Uhr

Museum für Thüringer Volkskunde
Juri-Gagarin-Ring 140 a
Tel. (03 61) 6 55 56 07
Öffnungszeiten: Di bis So 10-18 Uhr

Naturkundemuseum
Große Arche 14
Tel. (03 61) 6 55 56 80
Öffnungszeiten: Di bis So 10-18 Uhr

Stadtmuseum Haus „Zum Stockfisch"
Johannesstraße 169
Tel. (03 61) 6 55 56 50
Öffnungszeiten: Di bis So 10-18 Uhr

Technisches Denkmal „Neue Mühle"
Schlösserstraße 25 a
Tel. (03 61) 6 46 10 59
Öffnungszeiten: Di bis So 10-18 Uhr

Zitadelle Petersberg
einmalige barocke Stadtfestung
Öffentliche Führung:
April bis Oktober Do bis So 14 Uhr, November bis März Sa 14 Uhr

„ega"-Park
Gothaer Straße 38, Tel. (03 61) 5 64 37 00

Öffnungszeiten:
April bis Oktober täglich 8-20 Uhr, November bis März täglich 9-18 Uhr

Thüringer Zoopark Erfurt
Zum Zoopark 8-10
Tel. (03 61) 75 18 80
Öffnungszeiten:
April bis September 9-18 Uhr, Oktober bis März 9 Uhr bis zur Dämmerung
Der 62 Hektar große Zoopark beherbergt 185 Wildtierarten und Haustierrassen und liegt auf dem 121 Meter hohen Roten Berg.

Sakralbauten

Dom St. Marien
Tel. (03 61) 6 46 12 65
Öffnungszeiten:
April bis Oktober Mo bis Fr 9-11.30 und 12.30-17 Uhr, Sa 9-11.30 und 12.30-16.30 Uhr, So 13-17 Uhr
November bis März Mo bis Sa 10-11.30 und 12.30-16 Uhr, So 13-16 Uhr
Führung zur Gloriosa:
Stündlich April bis Oktober Do 9-13 Uhr, Fr und So 13-16 Uhr, Sa 11-16 Uhr
zusätzliche Einschränkungen beachten

St. Severi
Tel. (03 61) 57 69 60
Öffnungszeiten:
April bis Oktober Mo bis Sa 9-12.30 und 13.30-17 Uhr, November bis März Mo bis Sa 10-12.30 und 13.30-16 Uhr
Januar und Februar montags geschlossen (außer bei kirchlichen Veranstaltungen)

Evangelisches Augustinerkloster
Tel. (03 61) 57 66 00
Öffnungszeiten:
April bis Oktober Mo bis Sa 10-12 und 14-17 Uhr, So/Feiertag 11-14 Uhr
November bis März Mo bis Sa 10-12 und 14-16 Uhr, So/Feiertag 11 Uhr
Führung: stündlich und nach Absprache

Predigerkirche und Predigerkloster
Tel. (03 61) 6 46 43 10
Öffnungszeiten: Mai bis September Di bis Sa 11-16 Uhr, So 12-16 Uhr
Führung auf den Südturm und das Klosterdach Sa 11.30 Uhr und 14 Uhr

Theater/Kultur

Theater Erfurt
Placidus-Muth-Straße 1
Tel. (03 61) 2 23 31 55
Oper, Tanztheater, Schauspiel, Konzerte

Theater Waidspeicher
Puppentheater Erfurt
und Kabarett „Die Arche"
Domplatz 18
Tel. (03 61) 5 98 29 24

Theater Die Schotte
Kinder- und Jugendtheater
Schottenstraße 7
Tel. (03 61) 6 43 17 22

DASDIE
Veranstaltungs- und Kongresszentrum
ALTE OPER
Gorkistraße 1

DASDIE LIVE / DASDIE BRETTEL
Marstallstraße 12
Kleinkunst und Travesti

Engelsburg
Studentenzentrum e.V.
Allerheiligenstraße 20/21

Kaisersaal
Kultur- und Kongresszentrum
Futterstraße 15/16
Tel. (03 61) 5 68 81 23

Thüringenhalle
Werner-Seelenbinder-Straße 92
Tel. (03 61) 3 73 60 43

Galerien/Ausstellungen

Kunsthalle Erfurt
Haus „Zum Roten Ochsen"
Fischmarkt 7

Kulturhof „Zum Güldenen Krönbacken"
Galerie Waidspeicher und
Haus Krönbacken
Michaelisstraße 10

Haus „Zum Bunten Löwen"
Krämerbrücke 4, Tel. (03 61) 6 42 25 64

Forum Konkrete Kunst
Peterskirche
Petersberg, Tel. (03 61) 73 57 42

Essen/Trinken/Treffen

In nahezu jeder Straße, in jeder Gasse der Altstadt und an jedem Platz stößt man auf ein Restaurant mit einladendem Ambiente, auf Bars und Cafés, die neugierig machen. Wer sich vorab informieren will, dem sei der „Gastronomische Stadtbummel" empfohlen, den es in der Stadtinformation gibt.

Sportangebote

Eissportzentrum Erfurt
Arnstädter Straße 53
Tel. (03 61) 6 55 46 95

Fahrradverleih
Radhaus am Dom
Kettenstraße 13, Tel. (03 61) 6 02 06 40

Flughafen

Flughafen Erfurt-Bindersleben
Flughafenstraße 4
Information/Reservierung:
Tel. (03 61) 6 56 22 00
Mit der Straßenbahnlinie 4 vom Hauptbahnhof zum Terminal in 20 Minuten

Traditionelle Feste

Die Thüringer Bach-Wochen
Im Mittelpunkt stehen die Werke der großen Bach-Familie, deren Wurzeln in Thüringen liegen, und Kompositionen anderer Tonschöpfer des 17. und 18. Jahrhundert.
März/April

Krämerbrückenfest mit Eulenspiegel
Der größte und wohl auch attraktivste Mittelaltermarkt Thüringens zieht alljährlich Zehntausende Besucher zur Krämerbrücke. Hier lassen sie sich von Künstlern und Gauklern verführen und erfreuen sich an den Auslagen der Händler und Handwerker.
Juni

DomStufen-Festspiele
Eine Bühne bestehend aus siebzig Stufen! Die traditionellen Festspiele sind ein außergewöhnliches theatralisches Ereignis von hoher Qualität.
August/September

ega-Lichterfest
Tausende Teelichter sind zu einer kilometerlangen Lichterkette angeordnet. Das Fest klingt mit einem Feuerwerk aus.
August/September

Ökumenisches
Der Namenstag des Heiligen Martin (11.11.), der Geburtstag Martin Luthers (10.11.) und die Liebe zu ihrer Stadt lassen die Erfurter mit Lampions zum Domplatz ziehen.
Abend des 10. November

Erfurter Weihnachtsmarkt
Allein wegen der Kulisse gilt er als einer der schönsten in Lande. Im Mittelpunkt stehen die weithin leuchtende hohe Tanne und die handgeschnitzten Krippenfiguren.
November/Dezember

Rechts: Wenigemarkt mit Ägidienkirche

Der Harzer Verlag
für Bücher und Kartografie

- Reiseführer
- Stadtführer
- Stadtpläne
- Wanderkarten
- Freizeitkarten
- Bildbände

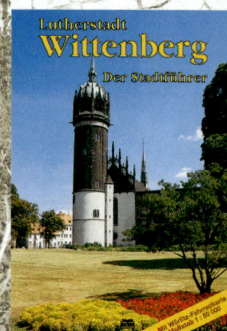

www.schmidt-buch-verlag.de
Besuchen Sie uns im Internet oder fragen Sie Ihren Buchhändler

Titelbild: Dom und Severikirche vom Petersberg aus
Foto Seite 2: Domplatz

Bibliografische Information der Deutschen Nationalbibliothek
Die Deutsche Nationalbibliothek verzeichnet diese Publikation in der Deutschen Nationalbibliografie; detaillierte bibliografische Daten sind im Internet über http://dnb.ddb.de abrufbar.

Es fotografierte Thorsten Schmidt

Lektorat: Marion Schmidt

© aller kartografischen Werke by Schmidt-Buch-Verlag Wernigerode; Nachdruck oder Kopien jeglicher Art nur mit schriftlicher Genehmigung des Verlags.

Alle Rechte vorbehalten
© 2006 by Schmidt-Buch-Verlag
Die Winde 45; 38855 Wernigerode; Tel.: (0 39 43) 2 32 46, Fax: (0 39 43) 4 50 10
E-mail: info@schmidt-buch-verlag.de
2. Auflage 2007, 6. - 10. Tsd.
Layout, Bildbearbeitung und Kartografie: Schmidt-Buch-Verlag Wernigerode
Druck und Weiterverarbeitung: Grafisches Centrum Cuno GmbH & Co. KG

Internet: www.schmidt-buch-verlag.de

ISBN 978-3-936185-34-8

Straßenverzeichnis

Allerheiligenstraße............C 2/3
Altonaer Straße ....F 1
Am Hügel..........................C 1
An den Graden ....B 3/4
Andreasstraße............. A/B 1-3
Anger..............................D/E 3/4
Augustinerstraße.......... C/D 1/2
Augustmauer....................D/E 4
Bahnhofstraße............. D/E 3-5
Barfüßerstraße............. C/D 3/4
Bechtheimer Straße..........B 2/3
Benediktsplatz ....C 2
Blumenstraße.....................A 1
Bodestraße ....F 1
Bonifaciusstraße ....A 5
Borngasse ....D 3
Brühler Straße ....A 4
Bürgerm.-Wagner-Straße .....E 4
Büßlebergasse ....E 4
Carmerstraße ....F 1
Comthurgasse....................C 2
Dämmchen.................... C/D 2
Dalbergsweg ....B 5
Domplatz ....B 3
Domstraße ....B 3
Drachengasse ....C 2
Eichenstraße......................C 4
Farbengasse ....B 4
Fischersand .... B/C 4
Fischmarkt ....C 3
Fleischgasse ....E 3
Franckestraße ....D 1
Furthmühlgasse.................C 2
Futterstraße ....D 2
Georgsgasse .... B/C 2
Geschw.-Scholl-Straße........F 2
Glockengasse ....B 1
Glockenquergasse.............B 1/2
Görmersgasse....................C 5
Gotthardtstraße ....D 2
Gorkistraße ....A/B 5
Grafengasse ....D 3/4
Große Ackerhofgasse ....B 1
Große Arche ....C 3
Gutenbergstraße ....A 1
Hefengasse.................... C/D 3
Heilige Grabesmühlgasse ....D 1
Herrmannsplatz ....B 4
Hirschlachufer .... C/D 4
Holzheienstraße ....A/B 4
Hopfengasse................. B/C 5
Horngasse..................... C/D 2
Hospitalplatz .... E 1/2
Hütergasse ....D 2
Huttenstraße ....E 4
Johannesmauer............ C/D 1
Johannesstraße ....D 1/2

Junkersand ....D 3
Juri-Gagarin-Ring........... C-E 2-5
Karl-Marx-Platz ....B 5
Kaufmännerstraße ....D 3
Keilhauergasse...................D 4
Kettenstraße .... B/C 3
Kieler Straße ....F 1
Kirchgasse ....D 1/2
Kirchhofsgasse ....C 3
Kleine Ackerhofgasse ....B 2
Kleine Arche ....C 3
Klostergang ....B 4
Koenbergkstraße ....A 3/4
Krämerbrücke ....D 2
Krämpferstraße .... E 2/3
Krämpfertor ....E 3
Krämpferufer................. E 1/2
Kreuzgasse ....C 2
Kreuzsand ....C 2
Kürschnergasse ....D 3
Kurt-Schumacher-Straße .. E/F 4
Lachsgasse ....D 4
Lange Brücke..................C 3/4
Lauentor ....A 3
Leipziger Platz ....F 2
Leipziger Straße ....F 1
Liebknechtstraße................F 1
Lilienstraße................... B/C 4
Lindenweg ....E 2
Löberstraße .... C/D 5
Löwengasse ....E 3
Lutherstraße..................B 4/5
Mainzerhofplatz ....A 4
Mainzerhofstraße ....A 4
Malzgasse.........................C 4
Marbacher Gasse ....B 2
Markgrafengasse...............C 4
Marktstraße.................. B/C 3
Marstallstraße ....C 4
Martinsgasse ....A 4
Maximilian-Welsch-Straße ...A 3
Meienbergstraße ....D 3
Meister-Eckehart-Straße....C 3/4
Melanchthonstraße.........A/B 4/5
Mettengasse .... B/C 3
Meyfartstraße................. E/F 3
Michaelisstraße ....C 2
Mohrengasse................ D/E 2
Moritzhof ....B 1/2
Moritzstraße ....B 1
Mühlgasse ....D 3
Neuerbe........................ E/F 2/3
Neuwerkstraße ....C 4/5
Nonnengasse ....C 3
Paulstraße ....C 3
Pergamentergasse.......... B/C 2
Petersberg ....A 3

Peterstraße ....B 3
Petrinistraße ....A/B 3
Pflöckengasse................D/E 2
Pilse ....D 3
Placidus-Muth-Straße.........A 4
Predigerstraße ....C 3
Puschkinstraße ....B 5
Rathausbrücke ....D 2
Rathausgasse ....C 3
Rathenaustraße .... F 1/2
Regierungsstraße .... B/C 4
Reglermauer .... E 3/4
Röntgenstraße ....E 1
Rumpelgasse ....C 3
Rupprechtsgasse ....D 3
Schattenwandgasse ....C 3
Schildgasse ....C 2
Schillerstraße ....E 5
Schlösserstraße .... C/D 3
Schmidtstedter Straße..... E/F 4
Schmidtstedter Ufer .... F 2/3
Schottengasse ....D 2
Schottenstraße ....D 2
Schulstraße................... E/F 3
Severihof ....B 3
Sonntagsgasse ....E 4
Spiegelgasse ....C 5
Stauffenbergallee ....E/F 1/2
Steinstraße ....C 1
Stiftsgasse ....B 4
Studentengasse ....C 2
Stunzengasse ....B 3
Taschengasse ....D 3
Taubenstraße .... C/D 2
Thälmannstraße................F 2
Theaterplatz ....A 3/4
Theaterstraße ....B 5
Thomaseck ....C 3
Thomasstraße ....D/E 4/5
Trommsdorffstraße ...... E/F 3/4
Turniergasse ....C 2
Venedig ....B 1
Vor dem Moritztor ....B 1
Waagegasse ....C 2
Waldenstraße ....C 1
Walkmühlstraße ....A/B 5
Webergasse .... B 1/2
Weidengasse ....C 1
Weiße Gasse ....B 2
Weißfrauengasse ....E 3
Weitergasse ....D 4
Wenigemarkt ....D 2
Wilhelm-Külz-Straße......A/B 4/5
Willy-Brandt-Platz ....E 4
Windthorststraße ....F 5
Ziegengasse ....C 2
Zur Grünen Schildmühle ....C 4